Opa, was ist Gott?

DAS BUCH

Gibt es einen Gott? Wie sind Himmel und Erde entstanden? Sind die Geschichten der Bibel wahr? Solche Kinderfragen bringen Eltern und Großeltern immer wieder in Verlegenheit. Im lebendigen und humorvollen Dialog mit seinen Enkelkindern zeigt der französische Journalist und Schriftsteller Jacques Duquesne, wie man das Universum mit anschaulichen Bildern beschreiben und die Existenz Gottes ganz einfach erklären kann. Ein Gespräch, das sich wie ein spannendes Abenteuer liest.

DER AUTOR

Jacques Duquesne, geboren 1930, ist Journalist und Schriftsteller. Er hat als Chefredakteur und Herausgeber verschiedener französischer Zeitungen gearbeitet. Derzeit ist er Aufsichtsratspräsident des Wochenmagazins *L'Express.*

Jacques Duquesne

Opa, was ist Gott?

Aus dem Französischen
von Manfred Flügge

List Taschenbuch

List Taschenbücher erscheinen
im Ullstein Taschenbuchverlag, einem Unternehmen
der Econ Ullstein List Verlag GmbH & Co. KG, München
2. Auflage 2002

Titel der französischen Originalausgabe:
Dieu expliqué à mes petits-enfants (Éditions du Seuil, Paris)
Übersetzung: Manfred Flügge
Umschlagkonzept: HildenDesign, München – Stefan Hilden
Umschlagrealisation: Büro Jorge Schmidt, München
Titelabbildung und Abbildungen im Innenteil:
Theresia Koppers
Druck und Bindearbeiten: GGP Media, Pößneck
Printed in Germany
ISBN 3-548-60096-4

Für Fabien und Marion,
meine Gesprächspartner,
aber auch für Tristan und Alexis

– Warum hat Gott Himmel und Erde erschaffen?

– Glaubt ihr wirklich, daß man damit anfangen muß?

– Ja. Gefällt dir diese Frage etwa nicht?

– Darum geht es nicht. Es gibt dabei nur eine Sache, die mich stört, die mir unangenehm ist.

– Sag bloß!

– Ich möchte ja nur wissen, welchen Himmel ihr denn meint.

– Den Himmel Gottes natürlich. Wenn man von Gott redet, dann spricht man doch immer zugleich vom Himmel. Man sagt, daß Jesus aufgefahren ist gen Himmel und daß die Toten dorthin kommen. In Gebeten und Liedern ist ja auch vom Himmel die Rede.

– Genau, deshalb hat mir eure Frage mißfallen. Man soll nämlich nicht glauben, daß Gott im Himmel wohnt, daß er sich auf einem weit entfernten Planeten versteckt oder ich weiß nicht wo ...

– Und warum reden dann alle Religionen immer vom Himmel? Ich habe einen arabischen Freund, der ist Moslem. Er glaubt auch, daß Gott im Himmel ist. Für ihn heißt Gott Allah, und er ist im Himmel. Und neulich habe ich Johnny Hallyday im Fernsehen gesehen. Er sprach von einem verstorbenen Freund. Und er hat gesagt: »Wenn er uns von da oben sehen könnte...«

– Na gut. Versetzt euch doch einmal in die Lage der ersten Menschen ...

– Adam und Eva? Für sie war es noch ganz einfach, schließlich haben sie Gott gesehen.

– Die Geschichte von Adam und Eva wurde lange Zeit nach dem ersten Auftreten der Menschen niedergeschrieben. Sie erzählt nicht, was wirklich geschehen ist. Es ist eher eine Fabel oder ein Märchen ...

– Also nur ein Scherz? Eine Lüge?

– Wartet mal, ihr seid mir zu voreilig. Denkt doch an die Fabeln von La Fontaine. Fällt euch vielleicht eine ein?

– Äh ... Ja, »Perrette und der Milchtopf«.

– Ihr meint die Geschichte mit der Bäuerin, die von all den schönen Dingen träumt, die sie sich leisten kann, wenn sie ihre Milch verkauft? Meinetwegen. Wenn ihr diese Fabel lest, dann glaubt ihr doch auch nicht, daß die Geschichte, die darin erzählt wird, sich genau so abgespielt hat. Aber diese Fabel sagt euch, daß einige Menschen denselben Charakter haben wie Perrette: Sie träumen, sie machen sich Illusionen, sie glauben, daß sie alles mögliche erlangen können und so weiter. Und nur darum geht es. Und worum es nun in der Geschichte von Adam und Eva geht, ist allein, daß Gott die Welt geschaffen hat, zwei Geschlechter und so weiter. Wenn ich jene Geschichte lese, dann soll ich denken, es hat sich zwar nicht genau so abgespielt, aber das ist es, worauf es ankommt. Gebildete Leute nennen so etwas einen Mythos. Nun gut. Ich will noch einmal auf diese Sache mit dem Himmel eingehen. Ich sprach von den ersten Menschen.

– Warte mal. Wenn die Geschichte von Adam und Eva nicht wahr ist, dann sind die Evangelien auch nur ... wie hast du das noch gleich genannt?

– Mythen? Nein. Das ist noch etwas komplizierter. Zunächst mal wurden die Evangelien erst Jahrhunderte nach Adam und Eva aufgeschrieben. In all der Zeit hatte sich die Welt verändert, ebenso die Menschen. Darüber sprechen wir später, wenn ihr wollt. Laßt mich noch mal vom Himmel reden.

– Wenn dir so viel daran liegt ...

– Mir liegt daran, weil viele Leute davon ganz falsche Vorstellungen haben. Und ihr vielleicht auch. Also, Gott wohnt nicht im Himmel. Aber die ersten Menschen, die daran geglaubt haben, daß es Götter oder auch nur einen einzigen Gott gibt, fragten sich, wo sich diese Götter wohl verbergen könnten, die sie niemals zu Gesicht bekamen. Einige stellten sich vor, der Gott oder die Götter wären in den Bäumen zu finden oder auf dem Meeresgrunde, vielleicht auch auf den Gipfeln der Gebirge. Aber man konnte die Bäume bis zur Wurzel zerhacken oder bis auf die höchsten Gipfel steigen, nie sah man etwas. Nun gab es aber einen Ort, an den kein Mensch gelangen konnte, von dem niemand wußte, was sich dort verbarg, nämlich den Himmel. Und so haben sie denn gedacht, daß sich die Götter dort aufhielten. Außerdem bemerkten sie sehr wohl, daß die Kälte und die Wärme, der Tag und die Nacht, all diese wichtigen Dinge, vom Himmel her kamen. Also haben sie angenommen, daß die Götter oder der einzige Gott eben dort oben hausten, wo die Entscheidungen über gutes oder schlechtes Wetter fielen ...

– Es gibt immer noch Leute, die das glauben. Sie beten ja sogar, daß schönes Wetter wird oder daß es auf Gärten und Felder regnen soll.

– Nach meiner Meinung täuschen sie sich. Aber auch darauf werden wir noch zurückkommen.

– Wenn das so weiter geht, werden wir noch auf ganz viel zurückkommen.

– Ja. Denn man kann nicht alles auf einmal sagen. Und doch hängt alles miteinander zusammen. Es ist wie ein Knoten, in den sich viele Fäden verwickelt haben. Um dieses einzige Knäuel zu entwirren, muß man einen Faden nach dem anderen herausziehen.

– Und du hast gerade an dem Faden gezogen, der besagt, daß Gott nicht im Himmel wohnt.

– Bravo. Du hast es genau verstanden. Wenn man also phantastische Raketen losschickt, die wie die Weltraumschiffe in manchen Filmen von einem Stern zum andern navigieren, dann hätten die Menschen, die so durchs Weltall reisen, keine Chance, eines Tages Gott zu erblicken, wie er gerade vorbeispaziert, als säße er in einer Rakete. Stellt euch vor, der erste Mensch, der ins Weltall geflogen ist, ein Russe namens Gagarin ...

– Wann war das?

– Im Jahr 1961. Dieser Russe sagte im Scherz, als er wieder auf der Erde gelandet war: »Der beste Beweis dafür, daß es Gott nicht gibt, ist, daß ich ihn nicht getroffen habe.«

– Das war also bloß eine Dummheit.

– Ja. Er wiederholte nur, was man ihm beigebracht hatte.

– Aber wenn man im Fernsehen sieht, wie der Papst betet, wenn er Worte spricht wie »Vater unser« oder »ewiger und allmächtiger Gott«, dann schaut er auch nach oben.

– Und was sieht er dann?

– Keine Ahnung. Den Himmel. Oder die Decke vom Kirchenschiff. Oder die riesigen Tücher, die man über ihm aufspannt, wenn er während einer Reise in einem Stadion predigt.

– Gewiß. Er sieht nicht Gott. Wenn er nach oben schaut, dann aus einer Gewohnheit, die schon seit vielen Jahrhunderten besteht. So was nennt man einen Ritus. In allen Religionen gibt es viele solcher Riten. Die Moslems fallen nieder, die Christen bekreuzigen sich. Aber das sind keine bloßen Gepflogenheiten. Alle diese Riten haben einen Sinn. Wenn der Pfarrer oder der Priester oder sonstwer in die Luft schaut, um zu Gott zu beten, dann bedeutet das auch, daß Gott groß ist, sehr groß.

– Aber kein Riese.

– Natürlich nicht, das wißt ihr doch. Man kann Gott nicht in Zentimetern messen.

– Wenn man also sagt, jemand ist im Himmel ...

– ... dann meint man, daß er nahe bei Gott ist, in der Liebe Gottes.

– Wie ein Baby schön warm im Bauch seiner Mutter.

– Wenn du so willst. Und doch gibt es einen riesigen Unterschied. Das Baby fühlt sich sehr wohl im Bauch seiner Mutter, und seine Mutter hat es schon sehr lieb, aber das Baby selbst weiß das gar nicht. Während jemand, der nahe bei Gott ist, das sehr wohl weiß. Er ist Gott begegnet.

– Aber wir können ihm nicht begegnen. Das ist doch nicht normal.

– Auch darauf werden wir zurückkommen.

– Schon wieder so ein Faden? Ich bin noch nicht überzeugt. Denn wenn jemand existiert, kann man ihm auch begegnen. Und wenn man jemandem niemals begegnen kann, dann existiert er eben nicht.

– Du hast recht. Aber man kann Gott begegnen. Nicht, um ihm die Hand zu schütteln oder um ihn zu umarmen und ihm zu sagen: »Hallo! Wie geht's denn so?

Noch immer gut in Form?« So nicht. Aber anders. Es gibt sehr viele Weisen, ihm zu begegnen. Ich komme darauf zurück.

Doch ich habe immer noch nicht eure erste Frage beantwortet: Warum hat Gott Himmel und Erde geschaffen? Ich will es versuchen. Wenn ich also vom Himmel rede, dann meine ich alles, was außerhalb der Erde existiert: die Sterne, die anderen Planeten ...

– Die Galaxien und all das.

– Das ganze Universum.

– Und selbst die anderen Universen. Ich habe nämlich im Fernsehen gesehen, daß es vielleicht andere gibt, weit, weit weg. Also, warum hat Gott das alles geschaffen?

– Stellt euch vor, daß ein großer deutscher Philosoph, ein Mensch, der über den Sinn des Lebens nachdachte, der sich die Welt erklären wollte ...

– Da hatte er sich aber viel vorgenommen!

– Allerdings. Aber es lohnt sich. Wenn man nämlich nicht versucht, die Welt zu begreifen, in der man lebt, dann ist man wie ein Tier. Ein Tier kann lieb sein oder wild, es weiß, wo es etwas zu fressen findet, es kann leiden, es kann zufrieden sein und vor Behagen schnurren, aber es versteht nicht sehr viel von der Welt. Ein Tier fragt sich noch nicht einmal, warum es existiert. Es existiert eben, und fertig. Und ein Tier – ob Katze, Hund oder Löwe – weiß noch nicht einmal, daß es eines Tages sterben wird. Das ist der große Unterschied zwischen dem Menschen und dem Tier: Der Mensch weiß, daß er eines Tages sterben wird.

– Das hört sich nicht besonders fröhlich an. Reden wir lieber wieder von deinem deutschen Philosophen.

– Na gut. Dieser deutsche Philosoph hatte eine ähnliche Frage gestellt wie ihr. Er fragte nämlich: Warum existiert überhaupt etwas und nicht vielmehr nichts?

– Wirklich nichts?

– Ja. Keine Erde, kein All, absolut nichts.

– Die Leere also?

– Ja und nein, denn die Leere ist ja auch etwas. Wenn man sagt, daß ein Glas leer ist, dann gibt es doch etwas um die Leere herum, eben das Glas. Und auch etwas im Glas, nämlich Luft. Ihr wißt ja, daß man wahre Leere erzeugen kann, ohne Luft, ohne überhaupt etwas. Es gibt Maschinen, die Leere herstellen. Aber es gibt immer etwas um die Leere herum, um sie zu schützen. Die Leere kann überhaupt nur existieren, wenn etwas um sie herum ist. Das Nichts aber ist überhaupt nichts. Um das Nichts herum gibt es gar nichts.

– Das ist unmöglich.

– Das kann man sich wirklich nur schwer vorstellen. Aber es wäre möglich. Und jener Deutsche stellte seine Frage zu Recht: Warum existiert überhaupt etwas? Darauf gibt es zwei Antworten. Einmal: weil es jemand gewollt hat. Oder auch: aus purem Zufall.

– Aus Zufall?

– Ja. Wenn etwas existiert, dann aus Zufall, ohne daß irgend etwas vorgesehen oder vorbereitet gewesen wäre. Daß es die Erde nur aus Zufall gibt, daß sie sich zufällig dreht und so weiter. Das glauben sehr viele Leute. Die Wissenschaftler denken viel darüber nach.

– Das mit dem Zufall ist aber schwer zu glauben.

– Du hast recht. Denn der Zufall selbst ist auch schon etwas.

– Das ist also nicht das Nichts, das dein Deutscher gemeint hat.

– Nein. Der Zufall ist etwas und zugleich das Resultat von etwas. Alle Zufälle, alles, was wir Zufall nennen, existiert nur, weil es zuvor schon etwas gab. Wenn ich jemanden zufällig treffe, dann nur, weil wir beide existieren, er und ich. Und so weiter. Es ist offensichtlich, daß der Zufall (das, was wir Zufall nennen) Dinge zerstören, verändern oder neu schaffen kann, aber daß er es niemals aus nichts machen kann.

– Man könnte ja auch die Frage stellen, warum denn der Zufall existiert und nicht vielmehr nichts.

– Genau. Aber wenn man immer so weiter fragt, kommt man nie zu einem Ende.

– Also, wenn es etwas gibt, dann doch nur, weil es jemand gewollt hat. Sagen das die Wissenschaftler, die wissen wollen, wie die Dinge begonnen haben zu existieren?

– Nein. Die Wissenschaftler sagen, daß sie auf diese Frage eigentlich keine Antwort wissen. Sie stehen noch ganz am Anfang des Wissens darüber, was sich seit fünfzehn Milliarden Jahren abgespielt hat.

– Warum gerade fünfzehn Milliarden Jahre und nicht mehr? Oder weniger?

– Kinder, ich bin doch kein Wissenschaftler. Aber ihr wißt, daß sie ganz spezielle Apparate haben, die es erlauben, einige Dinge zu erfahren, die sich vor langer Zeit abgespielt haben.

– Apparate, um in der Zeit zurückzugehen, wie ich sie in einem Film gesehen habe?

ALARM

– Auf jeden Fall Apparate, mit denen man Geräusche wahrnehmen kann, die vor langer, langer Zeit im Weltall ertönt sind. Die Wissenschaftler behaupten also, daß sich vor fünfzehn Milliarden Jahren (etwas mehr oder etwas weniger; bei solchen Dimensionen kommt es nicht so darauf an) ein ungeheures Ereignis abgespielt hat, das sie den Big Bang nennen, den Urknall.

– Davon habe ich schon gehört. Aber was das genau war, weiß ich nicht. War das die Erschaffung der Welt?

– Nein, das war nicht ihre Erschaffung. Zunächst einmal geht man davon aus, daß es etwas vor dem Urknall gab. Aber man weiß nicht was. Der Urknall ist der Beginn unseres Universums, der Anfang der Welt, wie wir sie kennen und erforschen oder es zumindest versuchen.

– Und wie hat sich der Urknall abgespielt?

– Als ungeheure Explosion. Bei ungeheuren Temperaturen. Vielleicht zehntausend Milliarden Grad. Das ist schlimmer als die flüssige Materie, die aus einem Vulkan ausströmt. Und zwar vollkommen chaotische Materie, ein großes Kuddelmuddel, wenn ihr so wollt. Nach dieser Explosion begann die Materie zu erkalten ...

– Zu unserem Glück!

– ... und sich zu gestalten. Auf der allerkleinsten Ebene als Atome. Auf der allergrößten Ebene als Sterne und Galaxien. Und vor etwa vier Milliarden Jahren hat sich eine Art Ring um einen dieser Sterne gebildet, um die Sonne.

– Unsere Sonne?

– Ja. Um die Sonne also bildet sich ein Ring, aus Gas und Staub und Materieteilchen. Er verwandelt sich in Planeten. Unsere Erde ist einer von diesen Planeten. Sie ist weder zu nah an der Sonne noch zu weit von ihr entfernt, was ihr eine günstige Temperatur beschert, so daß ihr Wasser flüssig bleibt – anderenfalls würde das Wasser verdampfen oder gefrieren, und dann könnte man nicht leben. Außerdem dreht sich die Erde in genau der richtigen Geschwindigkeit. So hält sie um sich herum Gase fest, die uns zu leben erlauben. Das nennt man die Atmosphäre. Und auf unserer Erde verbinden sich die Atome miteinander und bilden Moleküle, und einige Moleküle verbinden sich, um Zellen zu bilden – eine Zelle ist eine kleine Ansammlung von Molekülen, die von jener wunderbaren Kraft bewegt wird, die man Leben nennt. Einzelne dieser Zellen verbinden sich nun untereinander, um Pflanzen zu bilden. Andere fügen sich zusammen, um ganz winzige Tiere zu entwickeln ...

– Mikroben?

Zum Beispiel. Und später größere Tiere: Fische, Affen ...

– ... Dinosaurier ...

– Dinosaurier, Affen, und schließlich auch den Menschen. Er war zunächst auch ein Tier. Und vor etwa hunderttausend Jahren ist er das geworden, was man den Homo sapiens nennt, das heißt, ein Lebewesen, das weiß, daß es sterben muß.

– Fängst du schon wieder damit an?

– So ist es nun mal. Jenes Wesen war schon in der Lage, sich Werkzeuge anzufertigen, seine Nahrungssuche zu organisieren, andere Tiere zu jagen. Was am Anfang den wirklichen Unterschied zwischen diesen Lebewesen und ihren tierischen Verwandten ausmachte ...

– Den Affen?

– Genau. Die Wissenschaftler, die sich mit den ersten Menschen befassen, sagen uns, daß der Unterschied darin besteht, daß die Menschen begonnen haben, ihre Toten zu begraben, sie unter Steine zu legen ...

– So wie man es heute auch noch macht?

– In etwa.

– Daß du andauernd vom Tod redest, finde ich gar nicht lustig.

– Erst einmal rede ich nicht andauernd vom Tod, überhaupt nicht. Es ist erst das zweite Mal. Und dann wollte ich euch sagen, daß diese Sache mit dem Begräbnis den tatsächlichen Beginn des Unterschiedes bezeichnet. Der ist seither immer größer geworden, denn die Menschen haben schließlich Straßen gebaut und Brükken und Computer und Handys und Gameboys.

– Wir haben also die Gruppe der Tiere hinter uns gelassen, wie ein Radchampion, der bei einem Rennen seine Verfolger abhängt.

– Ganz genau.

– Gut. Aber du hast doch gesagt, daß am Anfang ...

– Beim Urknall?

– Ja. Du hast gesagt, daß es nur formlose Materie gab. Und daß sich das alles verwandelt hat, bis es schließlich den Menschen gab.

– Ja. Es entwickelte sich vom größten Durcheinander, das man sich denken kann, zu etwas sehr Geordnetem. Ein menschliches Gehirn oder selbst das Auge einer Fliege, das sind komplizierte Gebilde.

– Dann muß das auch jemand so arrangiert haben. Das kam doch nicht zufällig. Es hätte vielleicht, ich weiß nicht, eine Chance von eins zu einer Milliarde gegeben, daß es reiner Zufall gewesen wäre.

– Oder sogar zu mehreren Milliarden, das weiß man nicht genau.

– Wenn wir also existieren und wenn wir genau in diesem Augenblick dabei sind, mit dir zu sprechen, dann nur, weil es eine Abfolge von Milliarden Zufällen gegeben hat – meinen das die Wissenschaftler?

– Nein, nein. Sie sagen, daß sie es nicht wissen. Sie können nur feststellen, daß es so gekommen ist. Aber warum es so gekommen ist, wissen sie nicht. Nicht ohne Mühe haben sie begriffen, nachdem sie jahrhundertelang geforscht haben, daß es die Welt nicht immer gegeben hat und daß sie sich ständig verändert (zum Beispiel entfernen sich die Galaxien voneinander, die Gebirge werden von Schnee und Regen abgetragen und so weiter) und daß sich alles immer vollkommener ordnet. Zum Beispiel kann unser Körper viel mehr Bewegungen ausführen als der eines Fisches, der gleichwohl ein entfernter Vorfahr von uns war.

– Wir können sogar schwimmen wie ein Fisch, während die Fische nicht das können, was wir können. Stell dir mal einen Fisch vor, der Ski fährt oder Fußball spielt ...

– Du freust dich über diesen Vergleich. Aber du hast nur zum Teil recht. Denn du könntest niemals so lange unter Wasser bleiben wie ein Fisch.

– Und dich auch nicht um einen Baum wickeln wie eine Schlange.

– Also gut. Ich behaupte ja nur, daß die Gattung Mensch enorme Fortschritte gemacht hat, wie die Wissenschaftler festgestellt haben, die die Entwicklung seit den Urmenschen untersuchen. Unser Gehirn zum Beispiel kann Rechenoperationen ausführen oder Ideen haben, derer die ersten Menschen unfähig waren, weil ihr Gehirn kleiner war. Das können die Wissenschaftler uns sagen. Aber sie können uns nicht sagen, warum es so kam. Sie können nicht sagen, daß es einen Gott gibt, eine große Macht, die das so gewollt hat, die all diese Entwicklungen gelenkt hat.

– Und warum?

– Weil es dafür keinen Beweis gibt, wie ich bereits gesagt habe.

– Aber du glaubst doch, daß es einen Gott gibt?

– Ja, ich glaube es. Ich glaube, daß dies die einzige Erklärung für die Existenz der Welt ist und für den Übergang vom anfänglichen Durcheinander zur heutigen Ordnung, diesem wunderbaren Aufbau der Natur, der Körper, des Weltalls. All das existiert, weil es jemand gewollt hat. Aber

manchmal bin ich dessen auch nicht so sicher, und dann zweifle ich.

– Du zweifelst?

– Ja, das kommt vor. Und das ist auch gut so.

– Wieso gut?

– Es ist gut, weil es einen zum Nachdenken bringt. Man muß immer nachdenken, um voranzukommen, selbst wenn man alt ist. Meiner Meinung nach gehören Glauben und Zweifeln zusammen. Manchmal glaubt man, manchmal zweifelt man. Und manchmal glaubt und zweifelt man gleichzeitig. Ich will euch eine Geschichte erzählen. Es ist eine christliche Geschichte, aber ich glaube, daß sie, wenn auch mit anderen Einzelheiten, in allen Religionen erzählt werden könnte.

– Du meinst: im Islam oder den anderen Religionen?

– Ja. Diese christliche Geschichte steht im Neuen Testament. Ihr wißt ja, was mit Jesus geschehen ist.

– So ungefähr.

– Darauf werden wir noch ausführlich zurückkommen.

– Dein ewiges »darauf kommen wir zurück«. Das hört sich an wie: Wir ha'm gewonnen! Wir ha'm gewonnen!

– Im Augenblick will ich aber nur auf eine Sache hinaus. Ihr wißt ja sicher, daß

Jesus zum Tode verurteilt und gekreuzigt wurde und am Kreuz gestorben ist.

– Na klar. Was denkst du von uns?

– Also gut. Die Gefährten von Jesus, seine Jünger, waren verzweifelt. Stellt euch das vor: Zu Beginn hatten sie geglaubt, daß er der König ihres Landes werden würde, eben von Palästina, daß er die Römer vertreiben würde, die das Land besetzt hielten, und so weiter. Und plötzlich war er tot. Für sie bedeutete das ein völliges Scheitern und tiefe Hoffnungslosigkeit. Einige versteckten sich aus Angst. Sie sagten sich, daß man sie verhaften und ins Gefängnis werfen würde, vielleicht töten. Zwei von ihnen, die mit Jesus nach Jerusalem gekommen waren, stammten aus einem kleinen Dorf, das Emmaus hieß, das ganz in der Nähe lag. So beschlossen sie also, nach Hause zu gehen. Ich erinnere euch daran, daß sie verzweifelt waren. Da trafen sie unterwegs jemanden, der denselben Weg hatte wie sie. Sie redeten miteinander. Sie sprachen von dem, was geschehen war, und weil sie allerlei auf dem Herzen hatten, verbargen sie ihren Kummer nicht. Was er ihnen gesagt hat, weiß man nicht genau, das steht nicht in der Geschichte. Aber er zitierte Texte aus der Bibel und erklärte sie.

– Moment mal. Du sprichst von der

Bibel. Also, ich habe eine jüdische Freundin, die behauptet, daß Christen und Juden nicht dieselbe Bibel hätten.

– Sie hat recht. Die Bibel ist ein sehr dickes Buch, das eine ganze Reihe von Bänden hat. Fast wie eine Bibliothek. Die meisten dieser Bände wurden schon vor Jesus geschrieben. Die Geschichte von Adam und Eva zum Beispiel, von der wir vorhin gesprochen haben, gehört zu einem Band, den man Genesis nennt, die Schöpfungsgeschichte. Andere Bände beinhalten die Texte der Propheten ...

– Das sind Leute, die die Zukunft voraussagen ...

– Nein. Ein Prophet ist ein Sprachrohr Gottes. Einer, der dem jüdischen Volk sagt: Gott will euch folgendes wissen lassen, benehmt euch so und so und nicht so und so, tut Gutes, und so weiter.

– Wie kann dieser Prophet denn wissen, was Gott will?

– Man sagt, daß er von Gott inspiriert ist. So wie der Regierungssprecher des Staatspräsidenten; der sagt ihm auch, was er zu verlautbaren wünscht.

– Ja, aber Gott spricht nicht auf diese Weise zu einem Propheten. Er bestellt ihn nicht in sein Arbeitszimmer, um ihm dort mitzuteilen: »Mein Lieber, wenn die Journalisten Ihnen folgende Fragen stellen, dann können Sie dies und jenes antworten.«

– Gewiß nicht. Ein Prophet ist sozusagen ein Mensch, der eine große Antenne auf Gott gerichtet hat: Der Prophet betet viel, er versucht zu verstehen, was vor sich geht und was Gott von den Menschen erwartet. Das meine ich mit Antenne. Aber der Prophet besitzt auch einen mächtigen Lautsprecher, eine Art Kraft, die ihm Gott verleiht, um zu den Menschen zu sprechen.

– Er staucht also die Leute in Gottes Namen zusammen?

– Manchmal ermutigt er sie auch, wenn sie unglücklich sind oder verzweifelt.

– Dann gibt es also heute auch noch Propheten?

– Sicher. Habt ihr mal von Martin Luther King gehört?

– Der schwarze Pastor, der in Amerika gegen den Rassismus gekämpft hat?

– Ja. Den kann man auch einen Propheten nennen. Aber es gibt noch andere.

– Aber jetzt hast du vergessen, uns das Ende deiner Geschichte zu erzählen, die Geschichte von den zwei Jesusjüngern, die nach ... Wie hieß das Nest doch gleich?

– Emmaus.

– Sag jetzt bloß nicht, darauf kommen wir noch zurück.

– Wir gehen sofort darauf ein. Ihr habt doch an dem Faden »Bibel« gezogen. In der Bibel stehen also Texte, die vor Jesus geschrieben wurden. Und für die Juden zählt alles andere nicht. Für die Christen gibt es aber darüber hinaus Texte, die nach Jesus geschrieben wurden, die Evangelien und die Briefe seiner Anhänger. In einem solchen Evangelium eben findet man die Geschichte von den beiden Männern, die ganz verzweifelt in ihr Dorf Emmaus zurückkehrten. Und sie trafen also einen, der ihnen Texte aus der jüdischen Bibel erklärte. Und nachdem er die Mahlzeit mit ihnen geteilt und sie verlassen hatte, erkannten sie ihn. Sie sagten sich: »Aber das war doch Jesus! Er ist auferstanden!«

– Also, das mußt du uns erklären: Wie ist er auferstanden und ob das überhaupt stimmt.

– Aber natürlich. Laßt mich zuerst diese Geschichte zu Ende erzählen. Die beiden Männer aus Emmaus sagten sich auch: »Brannte nicht unser Herz, da er mit uns redete?« Das bedeutet, daß sie gleichsam an seinen Lippen hingen, daß sie ihm begierig zuhörten. Übrigens wünsche ich mir, daß ihr das bei mir ebenfalls

tut, aber ich bin ja nicht Jesus. Diese beiden Freunde waren also fiebrig vor Glück und Freude, als der Unbekannte bei ihnen war. Vorher waren sie verzweifelt, wie ihr wißt. Sie waren also glücklich und verzweifelt zur gleichen Zeit. Versteht ihr: glücklich und zugleich verzweifelt. Das bedeutet, wie ich euch vorhin gesagt habe, daß man an Gott glauben und doch auch manchmal daran zweifeln kann, ob es ihn gibt. Habt ihr schon mal von der Heiligen Theresia gehört?

– Der guten kleinen Schwester?

– Meinetwegen, die gute kleine Schwester. Die aber eine großartige Frau war, die genau wußte, was sie wollte. Sie glaubte wirklich an Gott. Das bewies sie damit, daß sie in einem Kloster eingeschlossen leben wollte, um zu beten, obwohl man es ihr dort ziemlich schwermachte. Und so hat auch sie furchtbare Augenblicke des Zweifels erlebt. Wie schwarze Löcher in ihrem Leben.

– Man kann also glauben und doch zweifeln? Das ist ein bißchen schwierig, sich das vorzustellen.

– Aber so ist das Leben. Das Leben ist schwierig.

– Das wäre ja alles nicht so kompliziert, wenn Gott sich allen Menschen zeigen würde. Und dann könnten die Wissenschaftler auch sagen: Geschafft, wir haben die Erklärung, wir haben ihn gesehen, alles ist in Ordnung. Aber so spielt Gott mit uns Verstecken. Das ist doch nicht normal. Wenn er wirklich gut ist, wie man sagt, dann müßte er sich doch auch zeigen.

– Alles wäre tatsächlich einfacher, wenn man Gott sehen könnte, wie wir die Sonne sehen. Niemand kann daran zweifeln, daß die Sonne existiert, selbst wenn sie durch Wolken verdeckt ist. Aber es wird euch vielleicht befremden: Wenn sich Gott zeigen würde, wären wir alle Sklaven. *Seine* Sklaven.

– Was sagst du da?

– Das ist noch eine schwer zu verstehende Wahrheit. Aber versucht euch doch einmal vorzustellen, daß Gott sichtbar wäre, daß seine Existenz völlig gewiß und bewiesen wäre. Dann wärt ihr nicht mehr frei, ihr wärt gezwungen, ihn zu bewundern und zu lieben. Das wäre dann keine Liebe mehr.

– Das ist mir zu hoch. Ich gebe auf.

– Warte noch einen Moment. Niemanden kann man zur Liebe zwingen. Man kann einen Jungen nicht zwingen, ein bestimmtes Mädchen zu lieben oder ein Mädchen einen bestimmten Jungen. Einverstanden?

– Einverstanden.

– Wen man liebt, das bestimmt man ganz frei. Man kennt dessen Vorzüge und auch dessen Fehler. Man weiß, daß jener Junge allzu schnell wütend wird oder daß jenes Mädchen leichtsinnig ist oder auch, daß sie nicht sehr hübsch ist.

– Jungen sind manchmal auch nicht sehr schön.

– Das stimmt. Ich will ja nur sagen, wenn man jemanden liebt, dann kennt man die Stärken und die Schwächen des geliebten Menschen. Aber man geht darüber hinweg und liebt ihn trotzdem. Man entscheidet sich für die Liebe. Wenn ein Mann eine Frau begehrt oder wenn eine Frau einen Mann begehrt ...

– Du meinst: küssen, streicheln und so was.

– Und so was, ja. Also wenn man begehrt, dann kann das rein körperlich sein. Der Körper des einen begehrt den Körper eines anderen.

– Darüber solltest du ein Buch schreiben. Oder uns versprechen, später darauf zurückzukommen.

– Ich weiß genau, daß es euch interessiert. Das interessiert alle. Auch die, die das Gegenteil behaupten.

– Aber die Geschichte mit Gott interessiert uns auch. Mach weiter.

– Vielen Dank. Wir sprachen also vom Begehren, und ich sagte, daß es rein körperlich sein kann. Aber wenn man liebt, dann spielt der Willen auch immer eine Rolle und damit die Freiheit. Ich wiederhole noch einmal: Man entscheidet sich dafür, jemanden zu lieben, auch wenn er nicht vollkommen ist, auch wenn er Fehler hat und so weiter. Nun stellt euch mal vor, Gott würde sich zeigen, er wäre so sichtbar wie die Mittagssonne an einem wolkenlosen Himmel. Gott ist so unendlich gut, wunderbar, genial, außerordentlich, alles, was ihr wollt, daß man regelrecht gezwungen wäre, ihn zu lieben: Man könnte gar nicht anders. Und wenn man gezwungen ist ...

– … dann liebt man nicht wirklich, das hast du bereits gesagt.

– Gut. Gott will nun aber, daß der Mensch, daß alle Menschen frei sind, ihn zu lieben oder nicht. Also will er sich nicht zeigen. Ich würde sogar sagen: Er kann es gar nicht. Denn sonst …

– … wenn er sich zeigen würde …

– Wenn er sich zeigen würde, dann wäre er wie ein Herr mit seinen Sklaven. Er will aber keine Sklaven haben. Und das ist etwas ganz Entscheidendes, um Gott zu verstehen: Er will, daß die Menschen frei sind.

– Daß Gott uns liebt, habe ich schon gehört. Nur was beweist das? Es könnte doch ein böser Gott sein, ein Fiesling. Aber dieses Wort wirst du doch hoffentlich nicht in deinem Buch verwenden?

– Warum denn nicht? Auf jeden Fall eine gute Frage. Aber dafür brauchen wir etwas länger. Ihr wißt ja vielleicht, daß sich die Menschen in der Vergangenheit vorgestellt haben, daß es böse Götter gibt, die mit den guten im Kampf liegen. Daran glaubt man heute nicht mehr, fast nicht mehr. Und mit Recht. Denn wer so etwas glaubt, hält die Götter für etwas Ähnliches wie die Menschen, mit Fehlern und Vorzügen ganz wie Menschen. Man darf sich aber Gott nicht wie einen Menschen vorstellen, selbst wenn es Ähnlichkeiten gibt zwischen dem Menschen und Gott.

Wenn Gott böse wäre, hätte er nicht die Erde geschaffen und das Weltall. Das haben wir ja schon gesehen: In der Entwicklung des Universums geht es vom Durcheinander, vom großen Durcheinander, zur Ordnung, zu einer immer höheren Ordnung. Ein bösartiger Gott würde nicht so handeln. Im Gegenteil, er würde es darauf anlegen, die größtmögliche Unordnung zu schaffen, so daß die Leiden der Menschen und der Tiere entsetzlich wären.

– Du hättest recht, wenn die Welt wirklich gut wäre, wenn auf Erden alles gut ginge. Aber es gibt Menschen, die verhungern oder sich gegenseitig umbringen, es gibt Babys, die an Krebs sterben. Und das alles läßt Gott zu? Dann ist er nicht gut.

– Auch das ist eine gute Frage. Aber ich habe euch ja gesagt, daß ich dazu weiter ausholen muß. Zunächst müssen wir eine Unterscheidung treffen. Denn man darf nicht alles durcheinanderbringen. Wenn sich die Menschen gegenseitig umbringen, dann weil sie einander hassen. Gott will nicht, daß sie sich hassen. Im Gegenteil. Aber, ich sag's noch mal, er wollte vor allem, daß sie frei sind. Frei, sich für das Gute oder das Böse zu entscheiden. Und wenn sie das Böse wählen und sich hassen, dann bedauert es Gott als erster. Wir haben von der Bibel gesprochen. Die meisten Bibeltexte, ob vor oder nach Jesus geschrieben, sagen, daß Gott den Menschen aufgetragen hat, einander zu lieben. Jesus geht sogar noch weiter. Er sagt: »Liebet eure Feinde.« Das bedeutet nicht nur: Liebt euch untereinander. Wenn sich alle Welt liebt, dann ist es sehr leicht, einander zu lieben. Seine Feinde zu lieben, das ist schon schwerer. Die zu lieben, die euch ein Videospiel oder Geld geklaut haben, die euch verraten oder einen Streich gespielt haben ...

– Man soll sie also einfach machen lassen, auch die schlimmsten?

– Das hat Jesus sicherlich nicht gesagt. Das wäre ja dumm. Man muß sie daran hindern, das Böse zu tun, wenn man es kann. Aber man soll sie lieben.

– Einen Typ lieben, mit dem man sich prügelt, weil er einem Kleineren ein Spiel oder uns unsere Sachen wegnehmen wollte? Ihm eine knallen und ihn dabei lieben? Nicht leicht.

– Es ist sogar sehr schwer. Man muß es aber versuchen. Gut. Zurück zu eurer Frage: Warum läßt Gott, der gut ist, soviel Böses zu? Man könnte zunächst antwor-

LEON IST EIN
PEINLICHER PICKEL!

ten, daß ein Teil des Bösen vom Menschen verursacht wurde, daß also der Mensch verantwortlich ist. Wenn Völker Kriege gegeneinander führen, dann kann man das nicht Gott anlasten. Denn sie sind ja frei. Sie täten besser daran, ihren Verstand zu benutzen, um Krankheiten und Naturkatastrophen zu bekämpfen. Aber sie wählen das Böse.

– Und Gott läßt es zu! Er sagt sich: was für ein Idiotenhaufen; aber ich habe sie ja so gewollt, nämlich frei, auch den größten Unsinn anzustellen. Da kann ich ihnen nicht helfen. Ist es ihm denn egal?

– Nein. Erst einmal hofft er, daß sich die Menschen bessern. Das hat er von ihnen verlangt durch die Propheten und die Bibel. Und das hat auch Jesus gesagt. Das sagen auch gewisse Propheten von heute, die sich dafür einsetzen, daß zwischen den Menschen Frieden herrscht oder daß man die Natur respektiert. Ich füge hinzu, daß Gott unter all diesen Dummheiten leidet. Ich will euch eine Geschichte erzählen. Eine wahre Geschichte, die ein jüdischer Schriftsteller erlebt hat, Elie Wiesel. Sie geschah während des Zweiten Weltkriegs, in einem Konzentrationslager, in das die Deutschen Juden gesteckt hatten. Eines Tages beschlossen die Deutschen, SS-Leute, drei Häftlinge aufzuhängen, darunter ein Kind, einen ganz kleinen Jungen. Sie hängen sie also auf. Aber das Kind ist so leicht, daß es nicht sofort stirbt, es bewegt sich noch an seinem Strick. Es ist furchtbar. Da fragte einer der Häftlinge, die man wie Elie Wiesel gezwungen hatte, der Hinrichtung zuzusehen: »Und Gott? Wo ist Gott bei all dem?« In diesem Augenblick, sagt Elie Wiesel, hörte ich in mir eine Stimme, die antwortete: »Er ist dort. Er leidet an jenem Galgen.« Gott leidet mit dem Kind, das leidet.

– Er leidet also mit allen, die leiden? Das sind viele. Furchtbar.

– Ja. Denn er hat auf den Menschen gesetzt, auf die Freiheit des Menschen. Er hat darauf gesetzt, daß sich die Menschen schließlich bessern. Aber vorhin, als du aufgezählt hast, was alles schlecht ist auf der Welt, hast du ein anderes Beispiel genommen: ein Kind, das Krebs hat und daran stirbt. Es hat gelitten; seine Eltern und seine Familie ebenso. Auch das ist furchtbar. Und man kann nicht sagen, daß die Menschen schuld daran seien. Niemand hat den Krebs bei jenem Baby gewollt ...

– Das liegt daran, daß die Natur schlecht gemacht ist, daß die Welt schlecht gemacht ist. Anscheinend können ja sogar Meteoriten die Erde zerstören. Also hat ein guter Gott eine schlecht gemachte Erde geschaffen?

– Ich würde ja eher sagen, daß die Erde noch nicht fertig ist.

– Wie das denn? Was meinst du damit?

– Ich will zu eurer Anfangsfrage zurückkehren, nämlich die nach der Schöpfung. Sehr viele Menschen haben noch immer nicht verstanden, was die Schöpfung eigentlich ist, wahrscheinlich, weil man es ihnen nie richtig erklärt hat.

– Und du weißt es? Du bist toll.

– Macht euch nicht lustig. Ich glaube, es ein wenig verstanden zu haben, weil ich eine Menge Bücher gelesen und auch nachgedacht habe. Ich habe nichts erfunden. Und ich muß sagen, es ist keinesfalls leicht zu erklären. Nehmen wir ein Beispiel. Ein Tischler stellt einen Tisch her, einen schönen Tisch, auf den er große Sorgfalt verwendet. Dann verkauft er ihn. In den meisten Fällen weiß er gar nicht, was danach aus dem Tisch wird. Es interessiert ihn nicht mehr. Er baut vielleicht einen neuen Tisch. Oder einen Hocker. Oder einen Stuhl, egal. Die Schöpfung der Welt ist aber etwas anderes. Etwas völlig anderes. Sie ist immer noch im Werden. Sie ist nicht beendet. Gott arbeitet noch an der Welt, am Universum, um die

Schöpfung fortzusetzen. Wir sprachen vorhin von der Entwicklung aus dem Urchaos zu einer höheren Ordnung. Das geht immer weiter. Und zwar dank des Zusammenwirkens Gottes mit den Menschen. In der jüdischen und in der christlichen Religion nennt man das den Bund. Gott schließt mit den Menschen einen Bund, um die Welt zu verbessern.

– Ich habe also einen Bund mit Gott? In meinem Alter?

– Du hast einen Bund mit ihm, wenn du es willst.

– Aber die Menschen können doch nicht die Schöpfung verändern?

– Glaubst du? Denk mal nach. Die Menschen haben die Erde bewohnbarer gemacht, sie haben Straßen angelegt und Wohnungen gebaut: Das ist doch angenehmer, als in Höhlen oder in einem Urwald zu leben.

– Aber sie haben der Erde doch auch geschadet. Mit der Umweltverschmutzung ...

– Ja. Aber alles in allem haben sie doch vieles zuwege gebracht. Zum Beispiel, daß man heutzutage viel älter wird als früher. Im siebzehnten Jahrhundert ist bei uns die Hälfte aller Kinder vor dem zwanzigsten Lebensjahr gestorben. Stellt euch nur den Schmerz der Eltern vor und ihr Leid, wenn ihre Kinder von Krankheiten befallen wurden, die man nicht heilen konnte.

– Gut, aber das stimmt nicht überall. In Afrika ...

– Auch in Afrika gibt es größere Heilungserfolge als früher. Auch dort lebt man länger. Und oft lebt man auch besser, selbst wenn es längst nicht bestens ist. Die Schöpfung ist noch nicht vollendet. Sie setzt sich immer noch fort. Jedesmal, wenn ein neues Medikament erfunden wird oder ein neues Verkehrsmittel, damit die Leute näher beieinander sind, sich leichter wiederfinden können, jedesmal, wenn etwas Neues entwickelt wird, um noch angenehmer zu wohnen und sich besser zu ernähren, jedesmal, wenn man die anderen noch ein bißchen mehr liebt, immer dann macht die Schöpfung Fortschritte.

– Okay, aber man erfindet auch neue Mittel, um einander noch leichter zu töten.

– Das ist wahr. Man kann den Fortschritt zum Guten wie zum Bösen nutzen. Aber insgesamt überwiegt das Gute.

– Das sagst du. Man läßt es aber zu, daß sich die Afrikaner oder die Leute aus dem früheren Jugoslawien gegenseitig umbringen.

– Nicht immer. Manchmal interveniert man auch. Organisationen werden geschaffen, die den Verwundeten und den Hungernden zu Hilfe kommen. Es ist noch gar nicht lange her, da hätte man gesagt: Laßt sie sich doch umbringen, das ist ihre Sache. Man hätte das vielleicht sogar mit Schadenfreude gesehen. Oder man hätte gar nichts davon erfahren. Heute erfährt man es sehr schnell. Und oft sieht man es im Fernsehen. Deshalb hat man auch das Gefühl, daß alles schlimm ist, immer schlimmer wird. Dabei ist genau das Gegenteil richtig. Nehmt ein anderes Beispiel: Vor nicht allzu langer Zeit wurde noch in allen Ländern die Todesstrafe vollzogen, manchmal auf recht grausame Art. Man verbrannte die Menschen (wie Jeanne d'Arc), oder man vierteilte sie: man begnügte sich nicht damit, sie zu töten; man ließ sie leiden, folterte sie, ließ sie ganz langsam sterben. Auch heute existiert noch in vielen Ländern die Todesstrafe, in zu vielen. Aber es werden immer weniger.

– Und Gott? Läßt er das zu? Läßt er die Menschen sich allein abmühen? Du hast doch von einem Bund gesprochen ...

– Ich habe es bereits gesagt: Er läßt ihnen die Freiheit. Er sagt, wo das Gute ist. Darauf kommen wir noch zurück.

– Schon wieder.

– Und er gibt von Zeit zu Zeit vielleicht eine kleine Hilfe.

– Er tut Wunder?

– Auf diese Frage habe ich schon lange gewartet! Es hatte mich schon erstaunt, daß ihr sie noch nicht gestellt habt. Auch darauf kommen wir zurück. Sehr bald. Ich möchte nur noch etwas sagen zu der unvollendeten Schöpfung. Ich will etwas unterstreichen: Ihr habt nämlich gar nicht nach den Naturkatastrophen gefragt. Ihr habt das Beispiel des Babys genommen, das Krebs hat, was furchtbar ist, ich weiß. Ihr hättet aber auch Vulkanausbrüche anführen können oder Sturmfluten. Denn beim Krebs kann man immerhin hoffen, daß die Menschen mit ihm fertig werden, daß sie ein Heilmittel entdecken. Aber bei Sturmfluten, bei Vulkanausbrüchen? Was können wir da schon machen? Nicht viel, das ist wahr. Aber wir lernen allmählich, sie vorherzusehen und das Ausmaß der Schäden zu begrenzen. Wir wissen, wie man Flüsse eindeicht, damit sie nicht unkontrolliert über die Ufer treten. Wir können Wirbelstürme vorhersehen und Vorsichtsmaßnahmen treffen. Oh, es bleibt uns noch viel zu tun. Zum Beispiel können wir Felder und Gärten bewässern, um die Trockenheit zu bekämpfen, oder Ge-

wächshäuser anlegen, um trotz der Kälte Gemüse zu züchten.

– All das ist die Schöpfung, die noch weitergeht?

– Ja.

– Es ist also nicht nur das Werk der Menschen?

– Ich will mit einer Gegenfrage antworten. Warum sind die Menschen so intelligent, all das zu tun? Wem verdanken sie das?

– Vielleicht einer außergewöhnlichen Folge von Zufällen.

– Vielleicht. Damit sind wir wieder bei der Frage des Glaubens und des Zweifelns. Wenn es aber eine Folge von Zufällen wäre, müßte sie schon außerordentlich sein. Nicht unmöglich, aber außergewöhnlich.

– Aber hör mal. Könnte Gott denn nicht ein bißchen mehr tun? Sturmfluten eindämmen zum Beispiel. So wie Moses: Man erzählt, er habe die Wasser des Roten Meeres zurückweichen lassen, damit das jüdische Volk den Truppen des Pharao entkommen konnte.

– Stimmt, so geht die Geschichte. Und ihr glaubt daran?

– Na ja, kommt drauf an.

– Also, ich glaube nicht daran. Ich glaube nicht, daß sich in der Vergangenheit wundersame Dinge einfach so, durch Gottes Intervention, abgespielt haben und daß es heute damit vorbei sei, er uns gewissermaßen vergessen hat.

– Also glaubst du nicht an Wunder?

– Da haben wir die Frage wieder.

– Warte mal. Bevor wir von den Wundern sprechen, möchte ich dir eine andere Frage stellen: Warum ist die Schöpfung noch nicht vollendet? Wenn Gott gut wäre, hätte er die Welt ja gleich vollkommen geschaffen. Heißt es denn nicht auch in der Geschichte von Adam und Eva, daß alles Geschaffene gut war? Allerdings haben sie später Dummheiten begangen, und dann ist alles durcheinandergeraten, und Gott hat alles umgestaltet, um sie zu bestrafen.

– Zunächst mal sagt die Bibel das nicht so. In der Bibel sagt Gott zu Adam und Eva: Macht euch die Erde untertan. Das bedeutet doch, daß sie noch nicht vollendet ist, daß sie ihnen noch nicht von vornherein alles gab, was sie benötigten. Einverstanden?

– Na ja, so kann man es verstehen.

– Und in dieser Erzählung ist es so, daß Gott zu Adam und Eva sagt, sie sollen sich die Erde untertan machen, also die Schöpfung fortsetzen, noch bevor sie Dummheiten begangen haben. Es sind also nicht die Menschen, die alles verdorben haben. Aber ich habe euch ja schon erklärt, daß man diese Erzählung nicht für die historische Wahrheit halten muß, wie etwa einen Bericht über eine Schlacht von Napoléon. Man muß zu verstehen suchen, was sie bedeutet. Den Menschen, welche die Geschichte von Adam und Eva aufgeschrieben haben, ging es so wie uns: Sie wollten verstehen, warum ein guter Gott ihnen eine schlecht gemachte Erde fabriziert hatte.

– Wenn sie etwas zu verstehen versuchten, dann bedeutet das doch, sie waren nicht völlig von Gott inspiriert?

– Vielleicht. Man weiß ja nicht, wer es war. Und niemand vergleicht sie mit den Propheten. Was nun den Fehler von Adam und Eva betrifft, stellt euch vor, es ist wirklich so passiert. Da die ersten Menschen frei waren, konnten sie durchaus Dummheiten begehen. Ob sie nun lediglich zu zweit waren, Adam und Eva, oder zu mehreren, spielt dabei keine Rolle. Könnt ihr euch vorstellen, daß ein guter Gott deshalb beschlossen hätte, die ganze Welt zu bestrafen, das heißt alle Menschen und für immer, das Baby, das mit einer Krebserkrankung zur Welt kommt, wie ihr vorhin erwähnt habt, ja sogar die Tiere, die doch nichts mit jener

Geschichte von Adam und Eva zu tun hatten ... Könnt ihr euch also vorstellen, daß ein guter Gott beschlossen hätte, auf diese Weise die ganze Welt zu bestrafen, wegen eines Fehlers von wenigen? Dann wäre er weder gut noch gerecht.

– Ja aber, warum hat er denn nicht gleich eine vollkommene Welt geschaffen?

– Ich weiß es auch nicht genau. Und wenn man etwas nicht wirklich weiß, muß man es eingestehen. Aber ich habe einige Vermutungen darüber. Genaugenommen zwei. Und ich bin nicht der einzige. Die erste ist folgende: Wenn Gott die Welt gleich vollkommen geschaffen hätte, gäbe es in ihr für die Menschen nichts mehr zu tun.

– Sie hätten ein gemütliches Leben führen können.

– Gewiß. Aber man ist nur wirklich ein Mensch, wenn man etwas tut. Sonst ist man nur ein Gemüse. Oder ein Tier, das die Zeit verstreichen läßt und sich lediglich damit beschäftigt, etwas zu essen zu finden und sein Territorium zu verteidigen, das Fleckchen Erde, wo es lebt ...

– ... und sich um seine Kleinen zu kümmern.

– Und sich um seine Kleinen zu kümmern. Die Menschen, die nichts zu tun haben, die nichts zu tun finden, die nichts tun können, fühlen sich recht nutzlos, wie man ja oft sieht. Daher also meine erste Idee: Die Welt ist noch nicht vollendet, weil die Menschen an der Schöpfung mitwirken sollen, um gewissermaßen auf deren Niveau zu gelangen, um super oder genial zu sein, wie ihr euch ausdrückt.

– Die Schöpfung wird also niemals beendet sein?

– Man kann alles immer noch besser machen. Oder aber, wenn alles vollkommen ist, das wäre das Ende der Welt, und wir wären alle bei Gott versammelt. Aber ich habe euch zwei Vermutungen versprochen: Die zweite wird euch erschrecken, und nicht alle sind damit einverstanden: Gott ist nämlich nicht allmächtig.

– Wie? Was?

– Jedenfalls nicht allmächtig auf die Art, wie wir Macht verstehen. Denn es ist der Gott eines gewissen Jesus, der gefoltert wurde ... Was ist das für eine Macht! Ich habe es ja schon gesagt, ich glaube, daß Gott unablässig darum kämpft, die Welt besser zu ordnen, um das Durcheinander zu beenden.

– Und gegen wen kämpft er? Gegen den Teufel?

– Nennt es von mir aus den Teufel. Ich würde lieber sagen: die Unordnung. Von Anbeginn an ist Gott dabei, die Welt etwas besser zu ordnen, und nun tut er es mit Hilfe der Menschen.

– Na und die Wunder?

– Da wären wir also. Für die Wunder interessieren sich viele Leute. Denn selbst die Erwachsenen bleiben ein wenig wie die kleinen Kinder, sie lieben Märchen und alles, was phantastisch ist. Ich zum Beispiel bin fasziniert von der Magie. Ich liebe gute Zaubervorstellungen. Aber Gott ist kein Zauberer. Er macht nichts an unserer Stelle, denn er hält uns nicht für Marionetten. Wir müssen immer wieder auf das zurückkommen, was wir schon gesagt haben: Er will freie Menschen, er respektiert unsere Freiheit. Wenn man großen Kummer hat und unglücklich ist, dann träumt man natürlich von einem Wunder, das alles regeln würde. Das wäre schön einfach. Aber ich will ein Beispiel nehmen. Ein wahres Beispiel. Zwei Soldaten ziehen in den Krieg. Der eine trägt eine Medaille um den Hals, und zwar eine sogenannte wundertätige Medaille, die ihm seine Mutter zum Schutz gegeben hat. Der andere trägt gar nichts. Übrigens glaubt er auch nicht an Gott. Der erste wird getötet, der zweite nicht. Nun?

– Gott glaubt vielleicht, daß es so besser ist für den ersten oder für seine Mutter. Man sagt ja, daß Gott besser als

wir weiß, was für uns gut ist, aber daß wir es nicht begreifen können.

– Ja, manche Leute sagen das. Aber was Gott in diesem Fall denkt, das weiß man nicht. Man kann sich nicht an seine Stelle versetzen. Und wenn man das sagt, dann denkt man im Grunde, daß Gott uns Rätsel aufgibt. Das ist Gottes unwürdig. Nehmen wir ein anderes Beispiel. Wieder aus dem Krieg. In zwei Städten hält man öffentliche Gebete ab, große religiöse Zeremonien, um Schutz vor Bomben und Geschossen zu erbitten. Aber nun wird die eine Stadt vollständig zerstört, während der anderen nichts geschieht, sie bleibt heil. Soll man daraus folgern, daß Gott ungerecht ist und sich sagt: Ach, die einen will ich erhören und die anderen nicht? Einfach so, aus einer Laune heraus. Könnt ihr euch vorstellen, daß Gott launisch ist?

– Also soll man nicht an Wunder glauben?

– Das habe ich nicht gesagt. Man kann sich schon vorstellen, daß Gott manchmal sagt: Also da muß ich jetzt eingreifen, wenn ich kann. Und außerdem gibt es sehr wohl Ereignisse, die die Wissenschaftler nicht erklären, weil sie sie nicht erklären können. Daß zum Beispiel manche Leute wieder gesund werden, bei denen man ziemlich sicher war, daß sie bald sterben würden. Das kommt heute nicht mehr so oft vor wie früher, weil die Wissenschaftler das Funktionieren des Körpers besser verstehen und es auch besser erklären können. Aber es geschieht immer noch. Und es wird vielleicht immer solche Fälle geben. Wenn man fest an etwas glaubt, wenn man etwas ganz fest wünscht, dann verleiht das überraschende Kräfte. Die Liebe kann dabei auch helfen. Ihr erinnert euch sicher noch an den Gendarmen, den wild gewordene, angesoffene Typen, die sich als Fußballfans ausgaben ...

– Hooligans?

– Ja. Ihr erinnert euch, daß sie ihn mit einer Eisenstange fast erschlagen, beinahe massakriert hätten, und daß er wochenlang im Koma gelegen hat. Als er dann wieder erwacht ist, haben die Ärzte gesagt, daß die Anwesenheit der Seinen, seiner Frau, seiner Familie, die jeden Tag bei ihm waren, ihm gewiß viel geholfen hat. Er selbst hat aber keine Erinnerung daran. Er war bewußtlos, lag im Koma. Und doch ist etwas geschehen.

Man stellt auch fest, daß manche Menschen, die sehr viel zu Gott beten, die Stunden damit zubringen, in aller Stille an ihn zu denken, dadurch völlig verändert werden. Von denen kann man behaupten, daß sie Gott begegnet sind. Und daß diese Begegnung ihr Leben verändert hat.

Ich erinnere mich an eine alte hinduistische Legende, in der es um einen Gott geht, der unzufrieden ist mit den Menschen und ihrer Bosheit und der beschließt: ich werde mich verstecken; wenn sie mich nicht mehr finden können, dann werden sie dumm gucken. Und er sucht einen Ort, an dem er sich verstecken kann. Hoch auf einem Berg, in einem Fluß und so weiter. Aber jedes Mal sagt er sich: Sie werden mich doch irgendwann entdecken. Und dann hat er plötzlich eine Idee. Er sagt sich: ich werde mich im Herzen der Menschen verstecken; sie werden nie darauf kommen, dort zu suchen. Diese Legende ist sehr hübsch, finde ich, und sehr wahr. Man kann Gott in sich selbst finden. Aber nicht in unserem Egoismus. In unserem Herzen, das bedeutet, in unserer Liebe. Seht ihr: Ich hatte euch versprochen, daß ich von der Begegnung mit Gott reden werde. Das tue ich gerade. Man kann Gott in den anderen begegnen, in der Liebe zu den anderen.

– Wie denn das?

– Weil es in jedem Menschen etwas von Gott gibt.

– Auch in den Schuften?

– Auch in den Schuften.

– In den schlimmsten Schweinehunden?

– Auch in den schlimmsten Schweinehunden. Jesus hat gesagt, so steht es im Neuen Testament: »Was ihr dem Geringsten unter den Meinen tut, das habt ihr mir getan.« Er hätte genauso gut sagen können: was ihr dem schlimmsten Schweinehund tut ... Aber vielleicht hätte er sich vornehmer ausgedrückt.

– Das will ich hoffen. Und ich hoffe, daß du in deinem Buch nicht dieses Wort »Schweinehund« benutzen wirst.

– Abwarten.

– Meinetwegen. Aber wir haben von den Wundern gesprochen. Und von Jesus wird doch nun gerade behauptet, daß er Wunder getan hat. Also?

– Gut. Reden wir von Jesus. Das ist, meiner Meinung nach, eine sehr gute Art, von Gott zu reden.

– Jesus hat also wirklich gelebt?

– Daran besteht überhaupt kein Zweifel. Alle ernstzunehmenden Leute sind da einer Meinung.

– Man sagt aber, daß nur in den Evangelien von ihm die Rede ist. Also nur in christlichen Texten.

– Zuerst einmal, die Christen sind nicht zufällig aufgetaucht. Man kann sich nur schwer vorstellen, daß die Leute, die die Evangelien aufgeschrieben haben, alles erfunden haben. Nehmt zum Beispiel das Markus-Evangelium. Man vermutet, daß es um das Jahr 60 geschrieben wurde. Jesus ist um das Jahr 30 gestorben. Das macht also ...

– Einen Unterschied von dreißig Jahren. Rechnen können wir.

– Wenn er alles nur erfunden hätte, dann hätten gewiß eine Menge Leute gesagt: Also Moment mal, wir haben zu jener Zeit in Jerusalem gelebt, und wir haben nie etwas von dieser Geschichte gehört. Ein solches Evangelium hätte man nicht ernstgenommen. Einverstanden?

– Einverstanden.

– Außerdem sprechen nicht nur die christlichen Texte von Jesus. Zunächst gab es in Rom einen jüdischen Historiker namens Flavius Josephus. Ihr wißt ja, daß die Römer zu jener Zeit ein großes Reich rings um das Mittelmeer besaßen, zu dem auch das Land von Jesus und von allen Juden gehörte, Palästina. Die Juden ertrugen die römische Herrschaft nur schwer. Flavius Josephus hatte, wie viele andere auch, die Römer bekämpft; er geriet in Gefangenschaft. Schließlich brachte man ihn nach Rom, und dort hat er begonnen, die Geschichte seines Volkes, der Juden, aufzuschreiben. Dort wo sein Text auf die Zeit von Jesus zu sprechen kommt, erwähnt er ihn. Er sagt nicht, daß er der Sohn Gottes war; daran glaubte er nicht. Er sagt nur, daß er ein tapferer Mann mit Charakter war. Aber über diesen Flavius Josephus gibt es eine ganze Polemik. Stellt euch vor, im Mittelalter haben katholische Mönche seine Texte gefälscht. Sie haben ihm die Behauptung unterschoben, daß Jesus wiederauferstanden sei, woran Flavius Josephus ja nicht glaubte.

– Sie haben geschummelt? Das gehört sich aber nicht für Mönche …

– Nicht nur für Mönche nicht: Niemand sollte schummeln. Übrigens ist es ihnen übel bekommen. Als man die Fälschung entdeckte, glaubte man, daß die ganze Passage über Jesus bei Flavius Josephus gefälscht sei. Inzwischen hat man aber den Originaltext von Flavius Josephus wiedergefunden: Er spricht dort sehr wohl von Jesus. Und er ist nicht der einzige. Der römische Historiker Tacitus hat so um 115 oder 116 von einem gewissen Christus gesprochen, der zur Zeit von Pontius Pilatus hingerichtet worden sei. Es gibt noch einige andere Zitate in dieser Art von Leuten, die keine Christen waren. Sie sind aber selten, das stimmt. Was damals in Palästina geschah, einem ganz kleinen Gebiet des Römischen Reiches, interessierte nicht sehr viele. Außerdem waren die Verbindungen nicht so einfach und schnell wie heute.

– Aber was weiß man denn Genaues über Jesus?

– Über seine Jugend fast nichts, außer daß er in einem Dorf lebte, das Nazareth hieß, bei seinen Eltern, Maria und Joseph, einem Zimmermann. Die Leute, die die Evangelien aufgeschrieben haben, interessierten sich nämlich vor allem dafür, was

Jesus im Erwachsenenalter getan und gesagt hat, als er bekannt wurde. Sie kannten das Ende seiner Geschichte besser als ihren Anfang. Deshalb erzählen auch nur zwei Evangelien etwas über seine Geburt, übrigens auf unterschiedliche Weise. Da sie nicht sehr viel darüber wußten, versuchten sie, vor allem zu sagen, warum Jesus geboren wurde.

– Ich verstehe etwas nicht. Willst du damit sagen, daß die Geschichte von den drei Weisen aus dem Morgenlande, die zur Krippe kommen, nur ein Scherz ist.

– Das behaupte ich nicht. Ich sage nur, daß man nichts davon weiß. Wichtig ist lediglich, was sie bedeutet. Die Juden waren daran gewöhnt, Geschichten zu erzählen, bei denen nur ihre Bedeutung zählte. Und derjenige, der beispielsweise die Geschichte von den drei Weisen erzählt hat, Matthäus, war ein Jude, der für Juden schrieb. Und seine Leser versuchten vor allem zu verstehen, was diese Geschichte bedeutete.

– Und was bedeutet also die Geschichte von den drei Weisen?

– Jesus ist für alle Menschen gekommen, nicht nur für die Juden, sondern auch für die Fremden, selbst wenn sie sonderbare Berufe ausüben, denn die Weisen waren in Wirklichkeit Astrologen, und Astrologen waren nicht überall gut angesehen. Außerdem kamen sie aus östlichen Ländern, wo die Juden oft zu leiden gehabt hatten. Also ist Jesus erstens für alle Menschen gekommen; und zweitens, wer ist denn noch vor den Weisen zu ihm gekommen?

– Na, die Hirten, oder?

– Genau, die Hirten. Und sie hatten auch keinen sonderlich guten Ruf. Die meisten Leute hielten sie für arme Kerle, auch für Diebe.

– Hirten als Diebe?

– Ja, sie hatten einen üblen Ruf. Vielleicht weil sie sich untereinander stritten, um für ihre Herden die besten Plätze zu bekommen, oder weil sie die Tiere der anderen stahlen, ich weiß es auch nicht genau. Aber sicher ist, daß sie nicht gut angesehen waren. Versteht ihr, die ersten, die Jesus empfangen, sind die Armen, die Fremden, jene, die man heute die Ausgeschlossenen nennt. Und sogleich bekommen die Mächtigen (wie König Herodes) Angst. Sie schrecken vor nichts zurück, um Jesus am Sprechen zu hindern. Ihr wißt ja, daß nach dem Besuch der Weisen, laut Matthäus, der König Herodes die kleinen Kinder im ganzen Umland umbringen ließ, um sicher zu sein, daß es auch Jesus trifft und er nicht überlebt. Das ist der Sinn dieser Geschichte: Jesus wird von den Geringsten empfangen, aber er macht den Mächtigen angst, sie wollen nicht, daß er lebt und spricht. Das ist sehr wichtig. In den Evangelien muß man also stets nach der Bedeutung fragen. Und sich nicht immer am Kopf kratzen und sich fragen, ob sich das genau so abgespielt hat.

– Na gut. Aber es ist doch trotzdem wichtig, zu wissen, ob Jesus am Kreuz gestorben ist, ob er auferstanden ist und so weiter.

– Gewiß. Es gibt Menschen, die man Exegeten nennt und die die Evangelien genau studieren – so wie Forscher mit einem Mikroskop arbeiten, um herauszubekommen, was in den Texten wirklich historisch ist (wie ein Bericht über eine Schlacht von Napoléon, ich sagte es schon) und was im Gegenteil ein Mythos ist, eine Art Fabel. Sie sind nicht immer einer Meinung, und sie haben auch noch nicht alles herausgefunden. Aber sie machen Fortschritte.

– Ich möchte wissen, warum Jesus auf die Welt gekommen ist, was er hier tun wollte.

– Er ist gekommen, um uns zu sagen, wer Gott ist.

– Aber wieso? Das hat die Bibel doch schon gesagt.

– Ich will euch eine Geschichte er-

zählen, die im Johannes-Evangelium steht. Jesus kommt nach Jerusalem, kurz vor Ostern. Jerusalem ist für die Juden nicht nur die Hauptstadt: In dieser Stadt befindet sich der Tempel. Und der Tempel ist nicht nur ein Gebäude wie eine Kirche, eine Moschee oder eine Synagoge von heute. Für die Juden ist es der einzige Ort auf der Welt (habt ihr gehört: auf der Welt), wo Gott präsent ist, aber auch abwesend.

– Ziemlich kompliziert.

– Wenn es einfach wäre, würden wir nicht schon so lange darüber sprechen.

– Könnte die Sache mit Gott denn nicht etwas einfacher sein?

– Aber sicher! Man könnte sehr einfache Dinge über ihn sagen: Er liebt uns, er will, daß alle Menschen frei und gut sind. Es gibt folgenden schönen Satz: »Gottes Ehre ist der lebende Mensch.« Gottes Glück oder sein Stolz oder seine Ehre liegen darin, daß wir Menschen sind ... All das sind einfache Dinge. Wir wollen natürlich alles genau wissen, wollen das Wie und Warum wissen. Kommen wir auf den Tempel zurück. Ich sagte also, daß Gott für die Juden dort zugleich präsent und abwesend ist. Präsent, weil der Hohepriester dort in jedem Jahr mit ihm spricht an einem Ort, den man das Allerheiligste nennt und den sonst niemand betreten darf.

– Der Hohepriester ist so was wie der Papst, oder?

– Das könnte man sagen, um zu vereinfachen, auch wenn es nicht ganz stimmt. Aber ich habe noch nicht erklärt, warum Gott abwesend ist: weil man ihn eben nicht in einem Gebäude einschließen kann, auch nicht im schönsten. Gut. Zurück zu meiner Geschichte. Im Tempel zu Jerusalem bringen die Juden Opfergaben für Gott. Sie wechselten ihr Geld in Tempelgeld.

– Das war nicht dasselbe Geld? Hatten sie keine Euros? War es wie Francs, Dollar und Mark?

– Wenn du so willst. Der Unterschied lag darin, daß das alltägliche Geld von den Juden als unrein und das Tempelgeld als rein angesehen wurde. Wenn sie also den Tempel betraten, wechselten sie das Geld, das sie bei sich hatten. Dafür wandten sie sich an Wechsler, an Bankiers, wenn ihr wollt, und mit dem reinen Geld kauften sie Tiere, die sie Gott als Opfer darbrachten: Tauben, Lämmer oder Stiere, je nach ihrem Vermögen. Sie ließen diese Tiere also töten. Damit wollten sie Vergebung für ihre Sünden. Sie legten ihre Hand auf den Kopf des Tieres, wie um zu zeigen, daß sie sich selbst Gott darbrachten. Und danach, wenn die Taube oder das Lamm oder der Stier tot waren, hielten sie sich für wiederversöhnt mit Gott. Und um zu demonstrieren, daß sie nach der Versöhnung mit Gott sich auch mit allen Menschen versöhnen wollten, luden sie ihre Angehörigen und Nachbarn ein, mit ihnen die Fleischreste zu essen.

– Das ist aber schön.

– Allerdings. Ich will nur einen Punkt dabei klarstellen: Wer wechselte das unreine Geld in reines? Wer verkaufte die Tiere? Nicht irgendwer: Es waren der Hohepriester, seine Familie und seine Diener.

– Dabei haben sie gut verdient.

– Natürlich. Sie haben sich so sehr leicht bereichert. Nun kommt also Jesus in Jerusalem an, kurz vor Ostern. Und in jenem Jahr waren sehr viele Leute in der Stadt, um dort Ostern zu feiern.

– Die Juden feiern auch Ostern?

– Sie haben es sogar als erste gefeiert. Sie nennen es Pessach, schonendes Vorübergehen. Um an den Auszug ihrer Vorfahren aus Ägypten zu erinnern, ihre Befreiung.

– Ah, das ist die Geschichte mit dem Durchqueren des Roten Meeres, mit Moses und Gott, die dem Wasser befehlen, sich zu teilen?

– Genau diese Geschichte, wie du es nennst. Also Jesus kommt an, und als er all die Wechsler sieht, jene Viehhändler, wird er wütend. Er wirft ihre Ladentische und Kassen um, er greift sogar zu Stricken, um die Wechsler zu vertreiben. Es ist das einzige Mal in den Evangelien, wo man Jesus handgreiflich werden sieht.

– Weil er diesen Handel furchtbar findet, diese Sache mit dem Geld, das in den Taschen der Hohepriester landet?

– Zum Teil deshalb, ja.

– Ich kann ihn verstehen. Als ich klein war, habe ich sehr gern Kerzen in der Kirche angezündet. Das war das einzige Mal, daß ich irgendwas anzünden durfte. Aber heute sage ich mir, das wäre doch zu einfach, die Kerze darum zu bitten, an meiner Stelle zu beten, indem ich sie für eine Mark kaufe.

– Allerdings. Aber man darf den Pfarrern, die Kerzen in ihre Kirchen stellen, keine zu großen Vorwürfe machen. Die kleine Flamme ist wie ein Zeichen, das daran erinnert, daß die Leute, die die Kerze angezündet haben, wenigstens für einen Moment an Gott gedacht haben. Außerdem bringt das ein paar Groschen zum Unterhalt dieser großen Gebäude ein, und das können die meisten Pfarrer gut gebrauchen. Aber zurück zur Geschichte von Jesus im Tempel. Wenn er die Ladentische umwirft, dann nicht nur, weil es um die

Geschäfte der Hohepriester ging. Es ging noch um etwas viel Wichtigeres. Zu den Anwesenden sagte er: »Ihr habt aus dem Haus meines Vaters ein Handelshaus gemacht.« Überlegt einmal: Was ist ein Handelshaus? Es ist ein Haus, wo man etwas eintauschen geht: Ich gebe dieses (meistens Geld), dafür möchte ich Schokolade, Milch, Getreide, jedenfalls etwas Eßbares eintauschen oder Kleidung, Möbel, Schallplatten, Gameboys, egal. Worauf es ankommt, ist das Geschäft, der Tausch: Ich gebe dir dieses, du gibst mir jenes. Das ist ganz normal. Aber was Jesus sagen will, ist etwas anderes. Er will sagen, daß man mit Gott keinen Handel treiben kann. Weil Gott alles gibt. Umsonst.

– Aber manche Leute glauben doch, daß man Gott Opfer bringen muß oder Gebete, damit er im Tausch dafür seinen Schutz gibt. Man sagt auch, daß Jesus sich als Opfer für seinen Vater angeboten hat, um die Menschen zu retten.

– Was würdest du von einem Vater halten, der von seinen Kindern erwartet, daß sie ihn auf Knien anflehen oder ihm wer weiß was opfern, damit er sich um sie kümmert? Das wäre ein komischer Vater. Leider gibt es solche. Aber der Gott, von dem Jesus spricht, ist anders.

– Mal langsam, ich komm da nicht

mehr mit. Du sagst, daß Jesus nicht vom Himmel gekommen ist, um uns zu retten? Meinst du das?

– Er ist gekommen, um uns zu sagen: So ist Gott, er ist euer Vater und auch meiner (er hat ihn sogar »Papa« genannt), und er will folgendes, unser Vater. Jesus ist gekommen, um die Wahrheit über Gott zu sagen, und diese Wahrheit ist es, die uns rettet. Wenn man die Wahrheit nicht kennt, wenn man unwissend ist oder wenn man sich irrt, dann ist man verloren. Jesus hat gesagt: »Ich bin die Wahrheit, der Weg und das Leben.« Der Weg: Er weist uns die Richtung. Und so rettet er uns. Habt ihr schon von Paulus gehört?

– Vom Heiligen Paulus?

– Ja. Das war ein sehr wichtiger Bursche, der sehr viel gereist ist, um das Leben und die Worte von Jesus bekanntzumachen. Er schrieb Briefe an Leute, die er in dieser oder jener Stadt besucht hatte. Und in einem dieser Briefe schrieb er in etwa folgendes: Das ist doch zu dumm, ich würde so gern das Gute tun, aber rums! Ich tue doch das Böse. So geht es uns allen. Nun, Jesus ist gekommen, um uns zu sagen: Seid nicht zu sehr beunruhigt, ich bin bei euch, und wenn ihr mir vertraut, dann werden wir zusammen große Dinge vollbringen ...

– Um die Schöpfung weiterzuführen?

– Genau. Und Jesus sagt: Wißt ihr was, wenn ihr irrt, wenn alles nicht perfekt ist, dann jammert nicht, weint nicht: Da Gott gut ist, werden die Uhren wieder neu gestellt, und wir versuchen, es diesmal besser zu machen. Manchmal ist das eine Qual, das stimmt, aber wir sind nicht ganz alleine.

– Das gefällt mir. Aber es heißt doch auch, daß Jesus am Kreuz gestorben ist, damit sein Vater den Menschen die Sünde vergibt, die Adam und Eva begangen haben.

– Ich habe euch ja schon gesagt, daß die Geschichte von Adam und Eva ...

– ... ein Mythos ist. Du siehst, wir haben es nicht vergessen.

– Ich habe euch auch gesagt, daß Gott die Menschen wahnsinnig liebt.

– Wahnsinnig hast du zwar nicht gesagt, aber sonst ja.

– Ein Freund von mir, der François Varillon hieß, hat sogar mal gesagt: »Gott ist reine Liebe.« Er fügte noch hinzu: »Kommt nicht an und sagt mir, Gott ist so oder so, das genügt nicht. Um zu wissen, wer Gott ist, genügt es, wenn man zugibt, daß er nichts als Liebe ist. Nur Liebe. Und alles andere hängt davon ab.« Das ist klar.

– So ungefähr. Aber worauf willst du hinaus?

– Auf folgendes: Nehmen wir mal an, daß die ersten Menschen gesündigt hätten, glaubst du, daß ein Gott, der reine Liebe wäre, dafür die ganze Menschheit den Preis zahlen ließe, also alle Kinder, die noch geboren werden und die in keiner Weise für jene Sünden verantwortlich sind? Wenn sich Menschen schlecht benommen haben vor Tausenden von Jahren, dann ist das nicht unsere Schuld. Alle Kinder kommen ohne Sünde zur Welt.

– Und wofür ist dann die Taufe gut? Soll sie uns denn nicht von den Sünden reinwaschen?

– Die Taufe bedeutet euren Beitritt zur Gemeinschaft, der Gruppe der Jesusgefährten, der Christen, eure Verpflichtung, ihm zu folgen. Für die Babys gehen die Patentanten und Patenonkel, aber auch die Eltern diese Verpflichtung an ihrer Stelle ein, und zugleich verpflichtet sich Gott, ihnen zu helfen. Das ist der Bund, den ich schon erwähnt habe.

– Okay, wenn du also recht hast, wenn es nicht darum ging, die Sünde der ersten Menschen wiedergutzumachen, warum ist Jesus denn dann am Kreuz gestorben?

– Wieder eine sehr gute Frage, aber schwer zu beantworten. Ich will erst mal

einen anderen Faden aus diesem Knäuel ziehen, nämlich eine andere Frage beantworten: War Jesus Gott? Nicht nur Gottes Sohn, wie ihr oder ich es sein können, sondern wirklich Gott selbst? Das kann man nur schwer glauben.

– Das stimmt.

– Allein die Christen glauben das. Weder die Moslems noch die Juden noch die Angehörigen irgendeiner anderen Religion glauben, daß Gott Mensch geworden sei, daß das möglich wäre. Daß der Erhabene oder Allmächtige, wie man in den Gebeten sagt, genau wie wir wird, die wir doch nicht immer ganz vernünftig sind. Wenn man die Evangelien genau liest, dann steht da, daß Jesus selbst nicht gleich gemerkt hat, daß er ganz anders war als die Menschen, die um ihn herum lebten. Das kann man verstehen: Wenn er wirklich Mensch sein wollte, dann mußte er das Unwissen der Menschen akzeptieren, all ihre Ohnmacht. Ihm taten die Füße weh, er hatte Hunger und Durst, und ebenso wußte er auch nicht alles, vor allem zu Beginn. Wenn man ihm bestimmte Fragen stellte, dann antwortete er manchmal: »Das weiß allein mein Vater (also Gott).« Und allmählich hat er verstanden, daß Gott nicht sein Vater ist, wie er unser aller Vater ist.

– Gott ist mehr sein Vater?

– Du meinst: mehr sein Vater als unserer?

– Ja.

– So kann man es sagen. Das ist am schwierigsten zu glauben. Und am schwierigsten zu erklären. Aber wenn man die Evangelien gründlich liest und mit dem ältesten Text beginnt, der von Markus verfaßt wurde, und mit dem vierten endet, dessen Verfasser mit Johannes zeichnet, dann versteht man schließlich: Jesus hat sich eines Tages selbst gesagt, daß er Gott sei. Nicht sofort, ich wiederhole es. Und selbst seine Jünger, und selbst die ersten Christen haben es nicht gleich nach seinem Tod geglaubt. Das ist so ungeheuerlich! Gut. Ziehen wir an einem anderen Faden: Warum ist er am Kreuz gestorben? Antwort: Weil er wirklich ein Mensch war. Es war kein Gott, der sich nur als Mensch verkleidet hat, der die Rolle eines Menschen spielte und der die ganze Zeit über in ständiger Verbindung mit seinem Vater stand ...

– Per Funk oder mit einem Handy?

– Nichts von all dem. Nur durch das Gebet, was allerdings großartig ist. Das war sein Handy. Aber er war wirklich ein Mensch. Und was geschieht mit wirklichen Menschen? Sie werden geboren, sie leben und ... sie sterben. Das ist unglücklich, aber so ist es.

– Aber doch nicht am Kreuz? Nicht alle Menschen sterben an einem Kreuz. Zum Glück.

– Zum Glück. Er aber stirbt auf eine der schlimmsten Weisen. In jener Zeit war es eine der schändlichsten Arten, jemanden zu töten, wenn man ihn kreuzigte. Warum also ihn? Dafür gibt es mehrere Gründe. Zunächst einmal hatten es die Hohepriester auf ihn abgesehen. Denkt an die Geschichte mit dem Tempel, als er die Ladentische umwarf: wenn er sagt, daß Gott keine Opfer will, dann hindert er sie daran, viel Geld zu verdienen, er trifft sie am Geldbeutel; er schmeißt ihnen alles über den Haufen, wie ihr sagen würdet. Das ist ein erster Grund. Zweiter Grund: wenn er sagt, daß die ersten die letzten sein werden, daß die Liebe mehr zählt als das Gesetz, daß die Armen das letzte Wort haben werden, dann stört er die Reichen und Mächtigen. Dritter Grund: wenn er sich als so nahe bei Gott ausgibt, dann ist das für Juden eine schreckliche Gotteslästerung. Vierter Grund: wenn er die Mächtigen stört, dann stört er natürlich auch die Römer, die das Land regieren. Also sagen sich die Führer der Juden: dieser Mann wird uns Ärger mit den Römern schaffen, das ganze Volk wird darunter leiden; es ist also besser, wenn wir uns seiner entledigen. Und den Römern ist das auch sehr recht. Vor allem, weil ihr Vertreter in Palästina, Pontius Pilatus, ein harter Bursche war. Das sind schon einige Gründe, Jesus am Kreuz sterben zu lassen.

– Es heißt aber, er habe sich am Kreuz geopfert.

– Das Wort Opfer hat zwei Bedeutungen. Wenn ihr in euer Wörterbuch schaut, dann seht ihr, daß viele Wörter mehrere Bedeutungen haben.

– Ich weiß eins: zum Beispiel die Bank. Das bedeutet einmal die Bank, auf der man sitzen kann, aber auch die Bank, auf die man sein Geld zum Sparen schafft.

– Einverstanden. Von Opfer spricht man etwa bei einem Rettungsschwimmer, der ins Wasser springt, um eine Person herauszuholen, die in Gefahr ist, zu ertrinken, und der dabei selbst ertrinkt. Man sagt dann, er hat sein Leben geopfert. Er hat sein Leben riskiert. Auch die Feuerwehrmänner oder die Soldaten, bestimmte Ärzte und noch viele andere machen das. Die zweite Bedeutung des Wortes Opfer betrifft die Beziehung der Menschen mit den Göttern. Vor langer Zeit, als die Menschen zu glauben begannen, daß es Götter gibt, haben sie sich gesagt, daß man ihnen Gaben anbieten müßte, damit sie Schutz gewähren, damit sie sich um sie kümmern, und diese Gaben haben sie Opfer genannt. Einige glaubten sogar, daß die Götter dies nötig hätten, um sich davon zu ernähren. Sie haben sogar Kinder getötet und ihnen als Gabe angeboten. Habt ihr schon mal was von den Azteken gehört?

– Die in Südamerika?

– Ja. Ihre Priester haben jedes Jahr Tausende von Menschen getötet, um den Schutz ihrer Götter zu erlangen. Nun gut. In der Bibel steht, daß Gott den Juden befiehlt, ihm keine Menschenopfer mehr darzubringen. Und zwar in der Geschichte von Abraham, einem sehr alten Mann, der auf seine späten Tage Vater eines Sohnes namens Isaak geworden ist. Er liebt ihn sehr. Doch eines Tages glaubt er, daß Gott von ihm verlangt, ihn zum Opfer darzubringen. In dem Augenblick, in dem er Isaak gerade töten will (worüber er selbst natürlich sehr unglücklich ist), hält Gott seinen Arm zurück. Damit endet die Geschichte der Menschenopfer. Später opfern die Juden Tiere, wie ich bereits erwähnte. Aber da kommt Jesus und sagt: keine Opfer mehr, es sind keine mehr nötig; das ist die Geschichte von der Tempelreinigung, von der ich vorhin erzählt habe.

– Aber wenn ich auf etwas verzichte, um Gott eine Freude zu bereiten, dann ist das nichts Gutes? Zum Beispiel auf ein Stückchen Kuchen?

– Gott denkt wahrscheinlich, daß du dir deine Zähne verdirbst, wenn du zuviel Kuchen ißt. Oder eher noch, daß du gut daran tätest, deinen Kuchen mit jenen zu teilen, die keinen haben. Gott will, daß du dich gut aufführst im Leben. Das ist das größte Geschenk, das du ihm machen kannst.

– Na und Jesus? War sein Tod denn kein Opfer, um die Menschen zu retten?

– Wenn du glaubst, daß Gott es nötig hatte, seinen Sohn leiden zu lassen, um die Menschen zu retten, dann wäre das ein komischer Gott. Gott hat nicht die Ermordung seines Sohnes gewollt, Gott war nicht der Komplize der Mörder. Das ist unmöglich, da er reine Liebe ist. Er hat selbst unter der Ermordung seines Sohnes gelitten, da sie ja eins waren, aber er ist nicht eingeschritten, um es zu verhindern, denn er läßt die Menschen ihre Freiheit bis zum letzten ausschöpfen.

– Was du da sagst, ist schon erstaunlich.

– Das ist die Größe Gottes, die Größe seiner Liebe.

– Aber es hat nicht gedauert. Es heißt ja, daß Jesus auferstanden sei. Stimmt das?

– Darauf kommen wir zurück. Ruht euch erst etwas aus, denn dafür müssen wir ein bißchen weiter ausholen.

– Ich würde ja gerne wissen, wie Jesus eigentlich ausgesehen hat nach seiner Auferstehung.

– Er sah kaum noch so aus wie vorher, da ihn seine Jünger nicht auf Anhieb erkannt haben.

– Und wir, wenn wir wiederauferstehen, wie sehen wir dann aus?

– Das weiß ich nicht. Das weiß niemand. Sieht man genauso aus wie mit zwanzig Jahren oder wie mit vierzig oder wie ...

– Na du zum Beispiel, du hast fast keine Haare mehr. Ob du mit deinen Haaren auferstehen wirst?

– Das weiß ich doch nicht. Deine Frage finde ich lustig. Ich will dir ein Geständnis machen: Dafür habe ich mich niemals interessiert.

– Ja, aber für die Auferstehung von

Jesus hast du dich doch interessiert. Glaubst du, daß es wahr ist?

– Wenn Jesus zugleich Gott und Mensch war, dann mußte er wohl auferstehen. Als Mensch, das habe ich ja gesagt, mußte er unvermeidlich sterben: Wenn er nicht am Kreuz gestorben wäre, wäre er eben anders gestorben. Wenn er aber Gott ist, kann er nicht sterben. Als Mensch ist er gestorben, als Gott hat er immer gelebt. Leuchtet das ein?

– So ungefähr. Aber es ist schwer, sich vorzustellen, daß er Gott und zugleich Mensch war.

– Das nennt man die Inkarnation. Und wie wir gesehen haben, ist es sehr schwer, daran zu glauben. Aber wenn man daran glaubt, dann versteht man, daß die Auferstehung etwas sehr Normales war.

– Hat man denn Beweise für die Auferstehung?

– Nein. Es waren keine Journalisten oder Kameraleute da, um Bilder aufzunehmen, auch keine Polizisten, um es festzustellen. Nichts dergleichen.

– Aber Jesus hätte doch nach Jerusalem gehen und sich allen Leuten zeigen können, Pilatus, den Hohepriestern, und er hätte sagen können: erinnert ihr euch, vor drei Tagen habt ihr mich am Kreuz sterben lassen; nun seht mal, es ist euch mißlungen, mich kann man nämlich nicht töten, ich bin unsterblich. Da wären sie ganz schön angeschmiert gewesen.

– Aber das hätte nicht zu Jesus gepaßt. Und ihr wißt auch, warum. Weil es nicht zu Gott gepaßt hätte. Ihr wißt doch noch, was wir schon gesagt haben: Gott kann sich nicht so augenfällig zeigen wie die Sonne ...

– Das hast du gesagt.

– ... denn sonst wären wir wie seine Sklaven. Wenn Gottes Existenz bewiesen wäre, könnten wir ihn nicht mehr in Freiheit lieben. Und die wirkliche Liebe ist frei. Soweit wart ihr doch einverstanden.

– Ja.

– Nun, die Auferstehung stellt genau dasselbe Problem. Wenn sie bewiesen wäre, wäre Gott augenscheinlich, wenn seine Existenz bewiesen wäre, wären die Menschen nicht mehr frei.

– Aber seine Jünger haben doch daran geglaubt, daß er auferstanden war. Warum?

– Weil sie ihn gesehen haben. Selbst der Apostel Paulus, von dem wir vorhin sprachen, der ihn nicht einmal vor seinem Tod am Kreuz gekannt hatte, sagt, daß er ihn gehört hat, und er zitiert andere, die ihn gesehen haben, er gibt sogar die Zahl von fünfhundert Personen an.

– Sie haben vielleicht geträumt. Wenn dir die Sonne sehr lange auf den Kopf knallt, dann siehst du manchmal komische Sachen. Und sie haben sich so sehr gewünscht, daß er nicht tot ist, daß sie sich vielleicht was vorgemacht haben.

– Wenn du die Evangelien genau liest, dann siehst du, daß sie ihn wirklich für tot hielten. Sie hatten sogar Angst, selbst getötet zu werden. Sie versteckten sich. Und auch als sie ihn gesehen hatten, wollten einige immer noch nicht daran glauben. Was mich aber frappiert, ist das, was sich später abspielte. Die Männer, die sich gerade noch versteckt hatten, sind auf die Straße gelaufen und haben gerufen: »Wir haben ihn gesehen, er lebt.« Später hat man sogar einige gefoltert. Selbst unter der Folter und bis zu ihrem Tod haben sie weiterhin geschrien: »Er lebt, wir haben ihn gesehen!«

– Sie können trotzdem geträumt haben.

– Das glauben heute auch sehr viele Menschen. Aber trotzdem, diese Jünger, die sich töten lassen, weil sie so was gerufen haben, die sich auf den Straßen abrackern, wie ihr sagen würdet, das beeindruckt mich doch sehr. Das ist einer der Gründe, an die Auferstehung zu glauben. Natürlich ist es kein Beweis. Aber ein

Grund. Ein kleines Stückchen Beweis, wenn ihr so wollt.

– Gibt es noch mehr solche Stückchen?

– Zunächst einmal war das Grab, in das man Jesus nach seinem Tod am Kreuz gelegt hatte, leer.

– Ist das ganz sicher?

– Stellt euch doch nur mal vor: Als die Jünger von Jesus überall erzählt haben, daß er auferstanden ist, da hat es doch bestimmt Leute gegeben, die nachsehen gegangen sind, ob sein Leichnam noch im Grab ist. Und wenn sie ihn gefunden hätten, hätten die Jünger von Jesus ziemlich dumm ausgeschaut.

– Schon, aber sie hätten ihn ja erst heimlich beiseite schaffen können, über Nacht, bevor sie seine Auferstehung verkünden.

– Deshalb ist ja auch das leere Grab kein Beweis. Sondern nur ein Stückchen Beweis. Aber dennoch ein Stückchen Beweis: Erinnert euch daran, was ich euch über die Jünger von Jesus nach seinem Tod erzählt habe. Sie waren ziemlich niedergeschlagen. Sie sind geflohen. Es waren nicht mal sie, die ihn ins Grab gelegt haben, so sehr hatten sie Angst. So kann man sich auch nur schwer vorstellen, daß sie sich nur wenig später gesagt haben sollen: Wir wollen den Leichnam herausholen und ihn irgendwo verstecken und dann hinterher behaupten, er ist auferstanden. Man kann sich aber sehr wohl vorstellen, daß sie sich wieder beruhigt haben, daß einer von ihnen, der etwas mutiger war, zu ihnen gesagt hat: Los, Kumpel, wir werden eine solche Aktion aufziehen. Und deshalb ist das leere Grab nicht wirklich ein Beweis.

– Aber es gibt noch andere Beweisstückchen, sagst du?

– Die Frauen.

– Was meinst du damit?

– Wenn ihr die Evangelien lest, dann werdet ihr feststellen, daß die ersten Personen, die das leere Grab gesehen und die die Auferstehung von Jesus verkündet haben, Frauen waren.

– Was ist daran denn so außergewöhnlich?

– Wißt ihr, in jener Zeit vertraute man den Frauen nicht besonders. Wenn sie etwas sagten, dann hielt man es für Erfundenes, für Ammenmärchen. Und noch wirkt dieses Mißtrauen nach in Redensarten wie »Weibergewäsch«. Viel zu oft vertraut man den Frauen nicht. Zu jener Zeit war es noch schlimmer. Nun stellt euch vor, daß die Jünger von Jesus ...

– Die Apostel?

– Ja, so nennt man sie häufig. Stellt euch also vor, daß sie beschlossen hätten, eine solche Täuschungsaktion aufzuziehen, wie ich sie vorhin beschrieben habe, daß sie den Leichnam heimlich entfernt hätten, um seine Auferstehung anzukündigen. In solch einem Fall hätten sie es gewiß nicht durch Frauen verkünden lassen. Denn niemand hätte ihnen geglaubt. Man hätte gelacht und gesagt, daß es nur Weibergewäsch sei.

– Also gut, es gibt keine Beweise, sondern nur kleine Beweisstückchen oder ... wie hast du das noch gleich genannt?

– Gründe, daran zu glauben.

– Aber welcher ist denn für dich der wichtigste Grund.

– Eben die Tatsache, daß Menschen, die verzweifelt waren, die Jesus im Stich gelassen hatten, auf einmal durch die Straßen gelaufen sind und mit freudigem Herzen geschrien haben: »Er lebt.« Und sie haben es so laut geschrien, daß viele Menschen in ihrer Nachfolge es geglaubt haben und noch immer glauben.

– Das stimmt. Aber da bleibt noch eine andere Frage. Viele Leute glauben an Gott, aber nicht an Jesus oder nicht an denselben Gott wie Jesus. Warum?

– Gönnt ihr mir eine kleine Verschnaufpause?

– Na klar. Wir sind doch gut erzogen.

– Danke. Und danach geht's gleich weiter.

– Um auf eure Frage zu antworten, muß ich zuerst einmal hervorheben, daß es viele Religionen auf der Erde gegeben hat, die an sehr verschiedene Götter geglaubt haben. Heutzutage sind sie nicht mehr so zahlreich. Und fast alle glauben nur noch an einen einzigen Gott. Vor zweitausend Jahren glaubten die Griechen und die Römer, daß es eine endlose Vielfalt von Göttern gäbe. Das trifft immer noch zu auf einige afrikanische Religionen, aber ihnen gehören nicht mehr sehr viele Menschen an. Zu Jesus Zeiten aber waren die Juden fast die einzigen, die nur an einen Gott glaubten, an den einzigen Gott.

– Das hat ja Jesus auch gesagt. Warum hat er sich mit ihnen dann nicht verstanden?

– Aus sehr vielen Gründen, die zu erklären zu lange dauern würde. Aber für diesmal wollen wir sie in drei Hauptgründen zusammenfassen. Zunächst konnten die Juden nicht an die Menschwerdung Gottes glauben. Für sie war Gott den Menschen so unendlich überlegen und völlig verschieden von ihnen. Er ähnelt nichts, was wir uns vorstellen können, nichts, was man auf einem Bild oder mit einer Statue darstellen könnte, so daß er auch nicht ein Mensch werden konnte wie Jesus.

– Ich habe aber gehört, daß die Juden eine Art Gott erwarteten.

– Den Messias? Aber das war nicht Gott selbst. Der Messias, ein Gesandter Gottes, der den Menschen helfen kommt, allen Menschen, damit sie in einer vollkommenen Welt glücklich leben. Doch nun zum zweiten Grund, warum sich die Juden nicht mit den Jüngern von Jesus verstehen konnten: ich habe euch schon gesagt, für die Juden existierte nur ein einziger Gott; wenn Jesus als Gott angesehen würde, also als Gott, der von seinem Vater verschieden ist, das wären ja zwei Götter. Einverstanden?

– Einverstanden.

– Und das können die Juden nicht akzeptieren.

– Vielleicht haben sie ja recht.

– Wenn du meinst. Aber die Christen glauben, daß diese zwei Götter ein und derselbe sind. Sie sagen, daß es zwei Personen in dem einzigen Gott gibt: den Vater und den Sohn. Sie sagen sogar, es gibt drei: den Vater, den Sohn und den Heiligen Geist. Das nennt man das Geheimnis der Heiligen Dreifaltigkeit.

– Also das ist mir nun doch zu hoch. Vor allem mag ich keine Geheimnisse. Außer im Film. Da weiß man, daß man am Ende alles durchschauen wird. Aber hier ...

– Hört mal, das ist sehr schwierig, aber ich will versuchen, euch einen Hinweis zu geben. Ich muß darauf zurückkommen, was ich fast seit Anfang an immer wieder gesagt habe: Gott ist die Liebe, Gott ist reine Liebe. Und wenn Gott die Liebe ist, wenn er lieben will, dann muß es jemand anders geben, den er lieben kann. Gott liebt also seinen Sohn, der genauso ist wie er und trotzdem verschieden.

– Das ist ganz schön kompliziert, was du da sagst.

– Wenn es einfach wäre, wäre unser Gespräch längst beendet. Gut. Versuchen wir, es anders zu erklären. Wenn ein Mann und eine Frau sich sehr lieben, wirklich sehr und mit Leidenschaft, dann

träumen sie davon, eins zu sein, so sehr vereint zu sein, daß sie miteinander verschmelzen. Das gelingt den Männern und den Frauen niemals vollständig, und darüber sind sie etwas unglücklich. Aber für Gott und seinen Sohn ist es möglich, weil sie Gott sind. Wenn sie also eins sind, dann ist das, als ob Gott sich selbst liebte. Und das ist keine Liebe mehr.

– Das ist Egoismus.

– Oder Narzißmus. Die Geschichte von Narziß stammt aus Griechenland. Das war ein junger Mann von großer Schönheit, der eines Tages sein Gesicht im Wasser einer Quelle gespiegelt sah und der sich leidenschaftlich in sich selbst verliebte. So sehr, daß er daran starb. Weil er das Verlangen nach sich selbst nicht verwirklichen konnte.

– Na, die hatten vielleicht eine Phantasie, die Griechen. Noch dazu schwer zu begreifen.

– Ich weiß. Sogar für besonders intelligente Menschen. Also, wenn man sagt, daß Vater und Sohn sich so sehr lieben, daß sie eins sind, dann ist das Narzißmus oder Egoismus, wie ihr wollt. Es bedarf also einer dritten Person. Und deshalb gibt es für Christen in Gott drei Personen. Die dritte ist jene, die man den Heiligen Geist nennt.

– Aber wenn Gott es nötig hatte, jemanden zu lieben, der ihm gleich ist, wie du es vorhin beschrieben hast, dann hätte er doch statt Menschen lauter Götter schaffen können.

– Aber Götter, die geschaffen werden, sind nicht wirklich Götter. Für die Christen ist Jesus nicht von Gott geschaffen worden; sonst wäre er ja nur ein Halbgott. Und wenn Gott uns als Götter geschaffen hätte, dann wären wir nicht frei. Wir wären dann nur Untergottheiten gewesen. Wir mußten zunächst in Freiheit existieren und Dinge tun können. Erinnert euch an das, was ich gesagt habe: Man existiert nur, wenn man wirklich etwas machen kann, im Guten oder im Bösen. Besser natürlich im Guten. Ich füge aber hinzu, daß für uns Christen unsere Zukunft, die Zukunft der Menschen, darin liegt, wie Gott zu leben. Gott Vater, der Sohn und der Heilige Geist bilden einen Kreis, eine Runde. Unsere Zukunft liegt darin, in die Runde einzutreten. Es gibt einen Satz, der besagt, daß Gott, und zwar durch Jesus, Mensch geworden sei, damit der Mensch wie Gott werde. Für Christen gibt es einen einzigen Gott, der zunächst drei Personen enthält und der schließlich auch uns enthält. Es sei denn, wir lehnen es ab.

– Und wie wird das sein?

– Das weiß ich nicht, würde es jedoch gern wissen. Ich stelle mir vor, daß es sehr angenehm sein wird. Überlegt mal: eine Welt, in der es Leute gibt, die einander von Grund auf lieben.

– Gut. Und die Juden glauben nicht an diese Runde, von der du sprachst?

– Nein. Für sie ist Gott so einzig, daß er nicht drei Personen in sich enthalten kann. Aber in allem übrigen gibt es zwischen Juden und Christen eine große Ähnlichkeit. Das »Vaterunser« zum Beispiel, das wichtigste Gebet der Christen, stammt von den Juden. Ich könnte Dutzende anderer Beispiele geben. Wir gehören zur selben Familie, und wir glauben an denselben Gott. Nur nicht ganz auf dieselbe Weise. Übrigens hatte ich euch vorhin gesagt, daß die Juden aus drei Gründen Jesus nicht akzeptiert haben. Hier ist der dritte: Jesus hat gesagt, man soll sogar seine Feinde lieben. Ich habe oft mit Juden diskutiert und dabei festgestellt: Die Christen sagen, daß man immer vergeben muß (sie tun es nicht immer, keineswegs, aber sie sagen es, und sie sollten es auch tun), während es für die Juden Dinge gibt, die un-ver-zeih-lich sind. Man kann es heute verstehen, angesichts dessen, was sie erlitten haben. Ihr wißt, daß Hitler das jüdische Volk vollständig von der Erde verschwinden lassen wollte und daß er Millionen Juden hat töten lassen. Solch eine Untat zu vergeben ist natürlich sehr, sehr schwer. Aber auch schon vor Hitler glaubten die Juden, daß man nicht alles vergeben kann. Und doch ist Vergeben nicht dasselbe wie Vergessen, es bedeutet nicht, daß man Geschehenes billigt. Es bedeutet nur, dem anderen, der einem Böses getan hat, eine Chance zu geben, etwas freundlicher zu sein und dann auch etwas einsichtiger, den Zähler sozusagen wieder auf Null zu stellen. Aber darin gibt es einen großen Unterschied zwischen Juden und Christen. Jedoch nur in der Theorie, denn ich kenne auch nicht viele Christen, die vergeben können.

– Nach den Juden gibt es noch die Buddhisten.

– Warum sprichst du auf einmal von den Buddhisten?

– Weil in der letzten Zeit viel von ihnen die Rede ist, im Fernsehen, in der Zeitung und so.

– Ja. Aber der Buddhismus ist keine Religion. Es gibt keinen Gott im Buddhismus.

– Na, und was ist Buddha?

– Er war kein Gott, sondern ein sehr weiser Mensch, der den Menschen seiner

Zeit gesagt hat, wie man zu einem gewissen inneren Gleichgewicht gelangen kann, zu einer Weisheit, die es einem erlaubt, die Leiden und Probleme des Lebens zu ertragen. Allerdings gibt es auch Leute, die glauben, daß man zugleich Buddhist und Katholik oder Protestant sein kann.

– Übrigens, was ist mit den Protestanten?

– Die Protestanten sind Christen wie die Katholiken. Sie glauben ungefähr dieselben Dinge. Sie haben sich vor etwa fünfhundert Jahren von den Katholiken getrennt, vor allem wegen der Organisation der katholischen Kirche, ihrer Wesensart, die sie nicht in allem akzeptieren konnten. Sie hatten nicht ganz unrecht. Denn zu jener Zeit machte die Kirche keinen besonders schönen Eindruck. Es gab sogar Priester, die sozusagen reservierte Plätze für das Paradies verkauften.

– Das ist ein Witz?

– Nein, nein. Man nannte das den Ablaß. Um aber auf die Protestanten zurückzukommen, das Gute bei ihnen ist, daß für sie die Bibel eine große Bedeutung hat. Während die katholische Kirche der Bibel allerlei Glaubensartikel hinzugefügt hat (die sie aus der Bibel abgeleitet hat), die sie als Folge dessen bezeichnet, was in der Bibel steht. Diese Glaubensartikel nennt sie Dogmen. Die Protestanten akzeptieren nicht alle davon. Viele Christen (Katholiken, Protestanten oder Orthodoxe) wollen sich heute wieder vereinigen. Das nennt man die Ökumene.

– Und die Moslems?

– Sie glauben an denselben Gott wie die Christen. Den Gott, von dem die Bibel spricht.

– Allah und Gott sind dasselbe Wesen?

– Ja. Der Unterschied liegt darin, daß die Moslems daraus nicht dieselben Konsequenzen ziehen wie die Christen. Sie haben andere Regeln, andere Arten des Betens, die in einem heiligen Buch, dem Koran, aufgeschrieben sind. Und dann war für sie Jesus nicht Gott, sondern nur ein Prophet. Ein großer Prophet.

– Ist Mohammed denn Gott?

– Nein. In Allah ist nur eine Person. Und Allah ist nicht in der Gestalt Mohammeds auf die Erde gekommen. Man kann ihn nicht einmal durch ein Bild darstellen, so sehr ist er anders. Sehr erhaben. In diesem Punkt stehen die Moslems näher bei den Juden. Da Allah so hoch, so mächtig ist, müssen die Menschen ihm völlig unterworfen sein. Das Wort Islam bedeutet Unterwerfung.

– Na und Mohammed?

– Er war ein Prophet, also, wenn ich euch noch mal daran erinnern darf, jemand, der in Gottes Namen sprach, der von ihm inspiriert wurde. Für die Moslems ist er sogar der größte Prophet.

Ich stelle fest, daß ihr mich gar nichts zu den Orthodoxen gefragt habt, als ich sie vorhin erwähnte. Es stimmt allerdings auch, daß es bei uns nur wenig Orthodoxe gibt. In Osteuropa sind sie aber sehr zahlreich.

– Und woran glauben sie denn?

– Sie glauben an denselben Gott wie die Katholiken oder Protestanten. Sie stehen den Katholiken sogar sehr nahe. Aber sie sind uneins über die Rolle des Papstes. Und vor allem denken sie, daß man Gott nicht durch Diskussionen und Bücher erklären soll ...

– Wie wir hier.

– ... sondern, daß man sich lieber Gott annähern soll durch häufigeres Beten, allein oder bei großen und schönen Zeremonien.

– Das hört sich aber auch gut an.

– Es ist sogar sehr gut.

– Aber es ist nicht leicht, zu Gott zu beten. Man wiederholt immer dieselben Wörter.

– Vielleicht kann ich euch einen Rat geben. Man muß abends zu Gott reden, wie zu jemand, den man sehr liebt: Man erzählt ihm, was man tagsüber gemacht hat, welche Gedanken einem durch den Kopf gegangen sind, unsere Freuden, unsere Sorgen, unseren Kummer. Und dann ...

– Und was dann?

– Dann sagt man ihm zärtliche Dinge.

Mein Dank geht zunächst vor allem an meine Enkelkinder, die zur Ausarbeitung dieses Buches beigetragen haben. Aber auch an ihre Eltern, an meine Gattin, die mich ermutigt und unterstützt hat, und schließlich an Madame Marguerite Despature, deren Ratschläge und deren Erfahrung mir eine große Hilfe waren. Das Buch selbst aber verantworte ich ganz allein.